Berthold Suhle

Arthur Schopenhauer und die Philosophie der Gegenwart

antimetaphysische Untersuchungen

Berthold Suhle

Arthur Schopenhauer und die Philosophie der Gegenwart
antimetaphysische Untersuchungen

ISBN/EAN: 9783744629843

Hergestellt in Europa, USA, Kanada, Australien, Japan

Cover: Foto ©ninafisch / pixelio.de

Weitere Bücher finden Sie auf **www.hansebooks.com**

Arthur Schopenhauer

und

die Philosophie der Gegenwart.

Antimetaphysische Untersuchungen

mit besonderer Rücksicht auf

die Denker des achtzehnten Jahrhunderts

von

Berthold Suhle.

„Verlaß Berlin mit seinem dicken Sande"
„Und dünnen Thee und überwitz'gen Leuten",
„Die Gott und Welt und was sie selbst bedeuten",
„Begriffen längst mit Hegelschem Verstande."
Heinrich Heine.

Erster Theil.

Berlin 1862.
W. Weber.

Einleitung.

„Io dir non vi saprei per qual sventura
„O pinttosto per qual fatalità
„Da noi credito ottien più l'impostura
„Che la semplice e nuda verità."

Casti.

„Die deutsche Philosophie steht da mit Verachtung beladen, vom Aus-
lande verspottet, von den redlichen Wissenschaften ausgestoßen." Dieses Urtheil, welches Schopenhauer vor fünfzehn Jahren aussprach ¹), ist
noch für den heutigen Zustand gültig. Fast erloschen ist in der deutschen
Nation das Interesse für Philosophie, und es wäre an der Zeit, daß
Jemand „Reden an die Gebildeten unter ihren Verächtern" für die ver-
lassen trauernde Königin der Wissenschaften hielte, wie zu Anfang dieses
Jahrhunderts Schleiermacher für die Religion. Wenn ein Hellene aus
dem Zeitalter des Platon und Aristoteles unter uns auferstände, wie
würde er erstaunen über die Gleichgültigkeit der studirenden Jugend, über
die Geringschätzung, das trockene Ablehnen und dreiste Absprechen nicht
etwa blos der Menge, sondern der gebildet heißenden Stände, ja des
größeren Theiles der Gelehrten gegen eines der herrlichsten Erzeugnisse
griechischen Geistes! Barbaren! würde er sprechen — eure Götter sind
der Sinnengenuß, der Nutzen und das Geld; ihnen dient ihr blindlings,
wie Knechte; eitle Thoren, die ihr euch unendlich über uns erhaben dünkt
mit eurem reichen empirischen Wissen, ihr gleichet damit nur Lastthieren,

---

¹) Ueber die vierfache Wurzel des Satzes vom zureichenden Grunde, 2. Ausgabe, 1847, im Vorwort.

1*

denen man Schätze aufgeladen hat; fürwahr banaufisch ist euer Treiben und sklavisch eure Sinnesart; lernt von uns denken, wie es freien Männern ziemt!

Fragt man nach den Ursachen, wodurch die Philosophie, welche zu Kants Zeiten in so hohem Ansehn stand, dies allmählich eingebüßt habe, so ist die Schuld zumeist den Philosophen selbst beizumessen, deren Systeme in der ersten Hälfte des neunzehnten Jahrhunderts in Deutschland die herrschenden waren. Was Fichte, Schelling und Hegel ihren mehr weisheitsdurstigen, begierig gespannten, als urtheilskräftigen Zeitgenossen unter feierlichen Ankündigungen als das Höchste und Tiefste, das A und O aller Erkenntniß offenbarten, diese übermenschlichen „VernunftAnschauungen" der Welt und dessen, was dahinter steckt, das waren im Grunde bloße Redensarten, hinter denen gar nichts steckte, als lauter Schwindel; das war kein unerhörter Fortschritt, vielmehr ein kläglicher Rückfall in alte von Locke, Hume und Kant bereits überwundene und verspottete Irrthümer, in den Spinozismus und die Scholastik. Ueber letztere sagte einst der geistvolle Helvetius: „Quelle est la science des scholastiques? Celle d'abuser des mots et d'en rendre la signification incertaine. C'était par la vertu de certains mots barbares, qu'autrefois les magiciens édifiaient des châteaux enchantés ou du moins leur apparence. Les scholastiques, héritiers de la puissance des anciens magiciens, ont par la vertu de certains mots inintelligibles pareillement donné l'apparence d'une science aux plus absurdes rêveries. S'il est un moyen de détruire leurs enchantements, c'est de leur demander la signification précise des mots, dont ils se servent. — Il est pour chaque nation un temps de stupidité et d'avilissement, pendant loquel on n'a point d'idées nettes de l'esprit: elle prodigue alors ce nom à certains assemblages d'idées à la mode et toujours ridicules aux yeux de la postérité. — Les scholastiques prétendent sans ce secours (des sens) percer dans les royaumes intellectuels. Mais ces orgueilleux Sysiphes roulent une pierre qui retombe sans cesse sur eux. Quel est le produit de leurs vaines déclamations et de leurs éternelles disputes? qu'apperçoit-on dans leurs immenses volumes? Un déluge de mots étendus sur un désert d'idées." Passen diese Bemerkungen nicht eben so genau auf das moderne spekulative Rauberwälsch? Heutigen Tages weiter ernsthaft zu polemisiren gegen die Hegelsche Methode, Gott und das Universum aus sich selber bewegenden Begriffen Stück für Stück herauszuziehen, bis Alles in Berlin hübsch fertig beisammen ist, hieße Eulen nach

Athen tragen; denn dies System ist seit seinem „Sündenfalle" allmählich den Angriffen der Gegner erlegen und darf jetzt als untergegangen betrachtet werden [1]).

Die Systeme Schellings und Hegels sind zum Glück für immer todt, aber ihre verderblichen Wirkungen liegen noch nicht hinter uns. Von Jahr zu Jahr erscheinen noch philosophische Werke, die nur allzu deutliche Spuren jener totalen Desorganisation der Köpfe zeigen, welche so weit gegangen ist, daß man das Etwas geradezu aus „dem Nichts", das Weltall aus der Null deduzirte, Entgegengesetztes für identisch ausgab und an die Stelle des Satzes vom Widerspruch ein principium tertii intervenientis setzte, daß sogar die Behauptung Anklang fand, „die zwingende Evidenz der mathematischen Wahrheiten sei nur ein Fluch des gefallenen Menschengeschlechts." So ist z. B. 1860 zu Kolberg eine Metaphysik erschienen, welche, nachdem sie ihr Thema als die Wissenschaft von dem, was ist, definirt hat, wobei sie jedoch das, was nicht ist, keineswegs von der Betrachtung ausschließen will, gleich zuerst das „Wesen Gottes" verträgt und darüber u. A. berichtet, Gott der Vater sei das In-sich-sein, der Urgrund, Gott der Sohn das Aus-sich-sein, das Wort, Gott der heilige Geist das Von-ihm-sein, die Klarheit. Auch die talentvollsten Anhänger der Hegelschen Schule, Männer von vorzüglicher Begabung für mancherlei, ausgenommen für Philosophie, haben nie wieder das einmal eingesogene Gift loswerden, nie wieder sich zu einem streng logischen Denken ermannen können, wenn ihnen auch später die Absurdität der Lehre des Meisters theilweise einleuchtend wurde. Unter diesen ist besonders merkwürdig der berühmte Theologe Ludwig Feuerbach. Man hat ihn vielfach als einen großen Philosophen ge-

---

[1]) Selbst Hegels Biograph Haym, der seinen Helden in so günstigem Lichte, wie nur irgend möglich, darzustellen bemüht ist, konnte nicht umhin, ein entschiedenes Verdammungsurtheil über die Lehre zu fällen: „Die Hegel'sche Philosophie hat unsrer Nation nicht jenes edle Gleichmaß von ästhetischer und Reflexions-Cultur gebracht, das auf ihrer Firma steht..... In ihrem Prinzip ist diese Philosophie romantisch geblieben, in ihrer Ausführung ist sie der schlechtesten Reflexion und der dürrsten Scholastik verfallen...." (Hegel und seine Zeit. 230.) „Die Hegelsche Philosophie erscheint daher, oberflächlich betrachtet, als ein universeller Harmonismus, der keinen Gegensatz außer sich hat und der alle Gegensätze in sich überwältigt und versöhnt hat. Sie erscheint, bei genauerer Analyse, als eine Musterkarte von Widersprüchen und als ein Maximum von Verwirrung. Sie ist, um Alles zu sagen, der mit List und Geschick zum Frieden formulirte Krieg von Allem wider Alles. Sie will sein eine absolute Versöhnung von Denken und Wirklichkeit: sie ist in Wahrheit eine spiritualistische Verflüchtigung des Wirklichen und eine methodische Corruption des reinen Denkens...." (pag. 461.)

priesen; sein ganzes Verdienst um die Philosophie scheint mir aber darin zu bestehen, daß er eine populäre Polemik gegen die grauen Theorieen führte, wobei er Geschick darin besaß, den Laien packende Stichwörter hinzuschleudern — ein Herold, der laut zum Kampfe ruft, jedoch kein Held. Obgleich seine literarischen Leistungen durchaus nicht werthlos sind, so steht er doch hinter den ausgezeichneten Denkern des achtzehnten Jahrhunderts gar weit an Bedeutung zurück. Dieser Schriftsteller nun war lange enthusiastischer Hegelianer, emancipirte sich später, brach mit dem Hegelthum, kündigte ihm offenen Krieg an und erklärte Hegel für den deutschen Proklus. Jedoch fast bei jeder Zeile des geraume Zeit nach seinem Abfall verfaßten Werkes „Grundsätze der Philosophie der Zukunft" fühlt man sich zu Mephistos Bemerkung versucht: „Euch steckt der Doktor noch im Leib." Feuerbach ist in Styl und Denkweise da eigentlich Hegelianer nach wie vor. Gleich §. 1 beginnt: „Die Aufgabe der neueren Zeit war die Verwirklichung und Vermenschlichung Gottes . . ."!! Ferner heißt es §. 3: „Der Protestantismus negirte jedoch den Gott an sich oder Gott als Gott — denn Gott an sich ist erst eigentlicher Gott — nur practisch . . ." Dem entsprechend §. 6: „Gott als Gott — als geistiges oder abstractes, d. i. nicht menschliches, nicht sinnliches, nur der Vernunft oder Intelligenz zugängliches und gegenständliches Wesen ist nichts Anderes, als das Wesen der Vernunft selbst . . ." Woher doch diese Herren alle die Wunderdinge wissen mögen, die sie vom Wesen Gottes erzählen? Davon noch eine recht hübsche Probe §. 12: „Wie aber das vorweltliche, vorgegenständliche Wissen Gottes in dem apriorischen Wissen der spekulativen Philosophie, so hat auch das sinnliche Wissen Gottes erst in den empirischen Wissenschaften der neueren Zeit seine Realisation, seine Wahrheit und Wirklichkeit gefunden." Demnach mußte es, ehe denn Hegel kam und ehe gewisse chemische und physikalische Experimente gemacht wurden, mit Gottes „wirklichem und wahrhaftigem" Wissen übel bestellt gewesen sein, er hätte demzufolge früher gar nichts „wirklich und wahrhaftig" gewußt. Ferner §. 16: „Je mehr Einer ist, desto mehr weiß man auch von ihm (?). Jede Negation einer Eigenschaft Gottes ist daher ein partialer Atheismus, eine Sphäre der Gottlosigkeit. So weit ich die Eigenschaft fortnehme, so weit nehme ich Gott das Sein weg." Alles dies wird ganz ernsthaft, ohne Ironie dozirt. Höchst charakteristisch ist die naive Introduction des reinen Denkens §. 5: „Luft bedarf ich zum Athmen, Wasser zum Trinken, Licht zum Sehen, pflanzliche und thierische Stoffe zum Essen, aber nichts, wenigstens unmittelbar, zum Denken." Difficile est satiram non scribere; fürwahr, das Denken dieser Weisen ist gewiß eine sehr bequeme Beschäftigung, da sie gar nichts dazu bedürfen. Feuerbachs Belehrung besteht nun, kurz und bündig gesagt, in der Entdeckung, daß die fünf Sinne das Kriterium der Wirklichkeit sind. Die Erinnerung an diesen Umstand ist ohne Zweifel häufig nothwendig und zweckmäßig himmelstürmender Spekulation gegenüber. Aber ein deutscher Philosoph darf dergleichen nicht so nackt herausplaudern, das wäre gegen allen philosophischen Anstand, gegen alle Zunftetiquette; er muß es sein einkleiden, verhüllen, bemänteln, wär's auch mit confusem Gallimatthias. Darum drückt Feuerbach es folgendermaßen aus §. 32: „Das Wirkliche in seiner Wirklichkeit oder als Wirkliches ist das Wirkliche als Object des Sinnes, ist das Sinnliche. Wahrheit, Wirklichkeit, Sinnlichkeit sind identisch. Nur ein sinnliches Wesen ist ein wahres, ein wirkliches Wesen, nur die Sinnlichkeit Wahrheit und Wirklichkeit"; und §. 34: „Das Sein als Gegenstand des Seins — und nur dieses Sein ist erst Sein und verdient erst den Namen des Seins — ist das Sein des Seins, der Anschauung, der Empfindung, der Liebe." Von hier aus sans façon zu dem Schlusse zu gelangen, „die Liebe ist Leidenschaft, und nur die Leidenschaft ist das Wahrzeichen der Existenz", ist dem gewandten Dialektiker natürlich eine Kleinigkeit.

So viel trüben, krankhaften Wust, der den deutschen Philosophen gleichsam in Fleisch und Blut übergegangen ist, wieder hinauszutreiben, ist eine gesunde kritische Philosophie erforderlich. Freilich hat es immer in unserm Vaterlande ruhigere Forscher gegeben, die mit dem Strome der öffentlichen Meinung nicht mitschwammen, sondern redlich dagegen ankämpften, und in den letzten zwei Jahrzehnten ist mehr und mehr an die Stelle jenes begeisterten Taumels, der sich vermaß, mit einigen kühnen Griffen die Quintessenz aller Wahrheit zu erhaschen, die Einsicht getreten, daß solche lockenden Verheißungen zu erfüllen, nicht Menschen möglich ist; die Mehrzahl der Philosophirenden ist ernüchtert, wie das Publikum. Aber es fehlte meistens jenen Männern, welche durch ihre Kritiken die herrschende Doktrin untergruben und stürzten — mit Achtung seien hier Gruppe, Beneke, Trendelenburg erwähnt —, an produktiver Kraft. Zerstören ist leichter, als aufbauen, und der Kritiker verfällt oft, soll er selbst etwas schaffen, in dieselben Fehler, die er einsichtig genug am fremden Werke entdeckte. Es ist zweierlei: das Rechte mitunter erkennen, in Momenten der ruhigen Sammlung, der unparteiischen Stimmung — und es beständig üben im Eifer der Thätigkeit. Recht augenscheinlich wird dieser Unterschied an Beneke, dessen kritische Leistungen wohl Anerkennung verdienen; was soll man aber bei aller Neigung zur Milde sagen, wenn man die Lehrbücher dieses Mannes liest und in der Aufstellung neuer Theorien den betrübsamsten Mangel an Behutsamkeit, Sorgfalt und Scharfsinn findet! Beneke gleicht hierin einem Moralprediger, der selbst lüderlich lebt, einem Schulvorsteher, der seine eigenen Kinder verwildert aufwachsen läßt. — So wurde die allgemeine Ernüchterung zu einer allgemeinen Erschlaffung des philosophischen Geistes, während das lange mystifizirte, endlich enttäuschte Publikum, natürlich das Kind mit dem Bade ausschüttend, mit dem „absoluten" Unsinn der Sophisten zugleich die Philosophie nun selbst verächtlich in den Winkel warf. Darum fanden die zuversichtlich auftretenden, mit kecken Schlagwörtern imponirenden Kraft- und Stoffpropheten einen fruchtbaren Boden für ihre Saat. Aus der Ohnmacht und Verzagniß seiner Gegner erwuchs dem im Vergleich mit echter Gedankenarbeit gewiß nicht den Vorrang behauptenden Materialismus ein temporäres Uebergewicht. Denn von Seiten der Philosophen wurde meistens der Streit gegen die Anmaßungen der rohen Empirie keineswegs in würdiger Weise geführt. Es verrieth sich überall ein ängstliches Gefühl der Schwäche, Unsicherheit und inneren Leere, und häufig merkte man ihren Vertheidigungen ein schlechtes philosophisches Gewissen an, das die Herren arg incommodirte und niederdrückte.

Zwingt uns nun die skizzirte traurige Sachlage zu dem Schlusse, daß schwärmerische Hirngespinnste einerseits, oberflächlicher Materialismus andrerseits das philosophische Studium in Deutschland ferner in zunehmendem Maße überwuchern und verdrängen werden? Sollen wir denen Recht geben, welche bloß Weiterentwickelung der Naturwissenschaften und der historischen Forschung erwarten? Geht die philosophische Cultur in diesem Zeitalter ihrem Untergange entgegen, wie die der Griechen in der nachalexandrinischen Periode?. Solcher Befürchtung stellen sich besonders zwei erfreuliche Erscheinungen entgegen, welche uns mit Hoffnung in die Zukunft blicken lassen und zu der Annahme hinleiten, daß das letzte Jahrzehnt die Epoche einer günstigen Wendung, eines neuen Aufschwungs gewesen ist. Diese Thatsachen sind: die Wirksamkeit der Schule Herbarts und die wachsende Ausbreitung der Schopenhauerschen Philosophie.

So wenig man sich auch zu Herbarts abenteuerlicher Metaphysik bekennen mag, so darf man doch diesem vortrefflichen Manne und seiner Schule die vollste Anerkennung nicht verweigern; Namen, wie Drobisch, Thilo, Allihn, Steinthal, Hartenstein, haben mit Recht einen guten Klang. „Bearbeitung der Begriffe", Rückkehr zum redlichen „exacten" Denken ist ihre Parole, und der Character ihrer Bestrebungen ist Sorgsamkeit. In geschlossenem Gliede führen sie gegen die Schelling-Hegelschen Phantastereien einen unausgesetzten Vernichtungskrieg. Herbart selbst sah auf das wilde dialektische Treiben um ihn mit schweigender Verachtung herab; nur bisweilen preßte es ihm einen Ruf des Unwillens aus[1]); auch richtete sich seine gelegentliche Polemik mehr gegen Schelling; Hegel behandelte er in Folge seiner Theorie der Widersprüche im Gegebenen äußerst rücksichtsvoll. Aber, wie einst die Schaaren stahlgepanzerter Ritter sich auf leichte Sarazenenhaufen stürzten, so schlagen seine Nachfolger, mit festen Begriffen gewaffnet, die windigen Ideenschwärmer in die Flucht. Alles mähen sie nieder, auch die Marodeurs, die Nachzügler und die Kosaken der spekulativen Armee werden von ihrem Schwerte nicht verschont. Dies Schwert ist kein geistreicher Galanteriedegen, sondern ein biederes altes Rolandsschwert, etwas unmodern und unbequem zu handhaben freilich, aber haltbar und kräftig; es ist die gute alte formale Logik, und da ist es eine Lust, zu sehen, wie es die hohlen Köpfe der weibischen Liebhaber weicher Begriffe und flüssiger Gegensätze abschlägt im Antibarbarus logicus.

Ein noch bedeutenderes Ereigniß sehe ich jedoch darin, daß man seit etwa zehn Jahren angefangen hat, die lange todtgeschwiegenen Schriften Arthur Schopenhauers zu lesen, eines der gelehrtesten, weisesten und daher seltsamsten Menschen, deren das neunzehnte Jahrhundert sich rühmen darf, des einzigen großen Philosophen unter den Epigonen des Alten von Königsberg.

Indem ich nun eine Kritik dieser so bewunderungswürdigen Werke zu veröffentlichen wage, bin ich dem Leser über die dabei befolgten Grundsätze vorläufige Rechenschaft zu geben verbunden. Einen allgemein gültigen Maßstab für die Beurtheilung hat es niemals in der Philosophie gegeben; meist wird der Grad der Uebereinstimmung mit dem Systeme, zu welchem der Recensent sich bekennt, als Kriterium des Gehaltes angesehen — bekanntlich leben aber die Systeme fortwährend in einem bellum omnium contra omnes. In unserm Jahrhundert ist freilich viel die Rede von einer besondern Manier, welche sich κατ' ἐξοχήν „die philosophische Kritik" nennt[2]). Der lange dauernden Alleinherrschaft des Hegelschen Jargons haben wir, wie so manche colossale Erfindungen, auch dieses höchste unfehlbare Tribunal zu verdanken. Ohne Frage wäre es recht hübsch, wenn ein solches existirte, man brauchte sich dann gar nicht mit dem Philosophiren zu plagen; die „Bewegung ihrer an ihr selber", wie Hegel die Wahrheit definirt, wäre dann schon im Besitz der

[1]) Vgl. z. B. Werke XII.: „Ueber die Unangreifbarkeit der Schellingschen Lehre" und „Ueber meinen Streit mit der Modephilosophie."

[2]) Siehe z. B. „Schopenhauers philosophisches System, dargestellt und beurtheilt von R. Seydel" pag. IV.

„philosophischen Kritik", und überflüssig wäre es, sie noch weiter zu suchen. Doch dieser verehrungswürdigen Person bin ich leider nirgends begegnet; ich konnte nur Menschen erblicken, welche je nach dem, was sie gelernt haben oder was ihnen eingefallen ist, an ihren Pulten Recensionen schreiben — Journalisten, Doctoren und Professoren der Philosophie, unter welche sich mitunter auch ein Philosoph verirrt — kurz „sterbliche Menschen! sterbliche Menschen!" — Wohin soll man sich nun wenden, wenn man nicht zur Fahne eines Systems schwört, noch weniger aber sich der Gabe eines „absoluten" Urtheils erfreut?

Soll etwa die gemeine Menschenvernunft die höchste Instanz sein? Die Unzuverlässigkeit dieses Richters deckt ein Denker, dem es gewiß nicht an sens commun gebrach, der scharfsichtige und besonnene Helvetius, mit folgenden schwerlich übertreibenden Worten schlagend auf: „Le propre de l'esprit juste est de tirer des conséquences exactes des opinions reçues; or ces opinions sont fausses pour la plupart, et l'esprit juste ne remonte jamais jusqu'à l'examen de ces opinions; l'esprit juste n'est donc le plus souvent que l'art de raisonner méthodiquement faux. — La diversité et l'absurdité des différents cultes prouve le peu de cas qu'on doit faire de l'opinion des peuples. — Si Jupiter prenait encore en main les balances avec lesquelles il pesait jadis les destinées des héros; s'il y mettait dans l'un des plateaux l'opinion d'un Locke, d'un Fontenelle, d'un Bayle et dans l'autre l'opinion des nations italiennes, françaises, espagnoles etc., le dernier de ces plateaux s'élèverait comme chargé de nul poids." In Boccaccios Decamerone wird die Geschichte einer Tochter des türkischen Sultans erzählt, welche über das Meer zum Dey von Tripolis gesandt, unterwegs in die Hände von Seeräubern gerieth, nach den mannigfachsten Abenteuern jedoch ein Jahr später glücklich in Tripolis anlangte und von dem Dey als reine Jungfrau geehelicht wurde. So wie jenem betrogenen Fürsten mit seiner Gemahlin, erging es bekanntlich unserm Kant mit der sauberen Göttin, welche er als reine Vernunft höflichst respektirte, und in ganz derselben Täuschung würden wir uns befinden, wenn wir die sogenannte gesunde Vernunft mit gläubigem Vertrauen hinnähmen als ein vollkommen frisches und gesundes Wesen. Wir dürfen uns nicht mit dem süßen Wahne in Schlummer wiegen, dem menschlichen Geschlechte sei die Weisheit gleichsam angeboren, richtiges Denken sei so gar leicht, so ganz natürlich und allgemein. Vielmehr ist wirkliche gesunde Einsicht selten, das gewöhnliche, natürliche Denken der Menschen meist unlogisch und voller Fehler, und richtiges Denken eine schwere Kunst. Demgemäß ist auch die neuerdings weit verbreitete Meinung, der „Empirismus" sei allein zulänglich, in ihm sei die wahre philosophische Methode entdeckt[1]), als ein Irrthum zu bezeichnen. „Thatsachen! Intuition! Erfahrung! Naturwissenschaftliche Philosophie!" ist ein beliebtes Feldgeschrei geworden. „Fort mit der Logik!" rufen sie, „Fort mit den abstracten Deductionen aus Begriffen!" Aber wir können uns nicht plötzlich in kleine unschuldige Kinder verwandeln. Eine ganze Welt von überkommenen Begriffen ist nun einmal da, und es ist schlechterdings unmöglich, das Alles ohne Umstände pêle-mêle aus den Köpfen herauszufegen. Mögt ihr euch noch so hartnäckig vornehmen, ganz naiv und unbefangen zu beobachten und zu sammeln, nichts aus eigenem Fonds hinzuzuthun, mögt ihr euch noch so wenig um den bereits vorhandenen Inhalt eures Kopfes bekümmern; wider euren Willen, ohne daß ihr es merkt, wird der alte Gedankenvorrath doch immer mitagiren, werden früh eingesogene und allmählich festgewurzelte Vorurtheile eure Untersuchungen und Schlüsse Schritt für Schritt beherrschen. Während aber anhaltende Reflexion, eindringende Analyse und umfassende Kritik des Erkenntnißvermögens dahin führen, daß man die Spreu vom Weizen sondern lernt und seiner Vorstellungen Herr und Meister wird: verfällt ihr dagegen in beschränkten Dogmatismus und bleibt unterthan der in eurem Gehirn zufällig gerade angehäuften Masse ungeordneter, ungesichteter, zum größten Theil höchst mangelhafter und confuser Begriffe. Treffend hat Herbart den Empirismus definirt als „die Maxime, es bei den rohen Produkten des psychologischen Mechanismus bewenden zu lassen[2])." Was bei solchem selbstgenügsamen Verfahren herauskommt, davon liefert die Behandlung philosophischer Fragen von Seiten der heutigen Materialisten abschreckende Proben genug. Möchten doch die Lobredner des Empirismus Schopenhauers gewichtiges Wort beachten: „So wenig, wie das Lesen, kann die bloße Erfahrung das Denken ersetzen. Die reine Empirie verhält sich zum Denken, wie Essen zum Verdauen und Assimiliren. Wenn jene sich brüstet, daß sie allein durch ihre Entdeckungen das menschliche Wissen gefördert habe, so ist es, wie wenn der Mund sich rühmen wollte, daß der Bestand des Leibes sein Werk allein sei[3])."

Statt nun nach irgend einem der gangbaren Parteiprogramme Urtheile von oben herab zu fällen ohne Beweis, habe ich meine Kritik durchgängig auf eigne Untersuchungen gegründet. Es liegt mir jedoch

---

[1]) Ueberhaupt ist der Glaube an Eine allein seligmachende Methode, die man sich zuvor auszudenken habe, um dann danach zu philosophiren, widersinnig. Vgl. Schopenhauer, Welt als Wille II. 132. Herbart, Werke III. 245.
[2]) Werke III. 194.   [3]) Parerga II. §. 264.

fern, diefe für etwas ganz Apartes, für Wege zu ganz neuen Prinzipien einer „Philofophie der Zukunft" auszugeben. Daß vor Kurzem viel von dem Bedürfniß nach einer folchen gefabelt wurde, davon ift die Haupturfache Unkenntniß des Guten, das die Denker der Vorzeit hervorgebracht haben. Man hat in Deutfchland viele Gefchichten der Philofophie gefchrieben; mit diefen Darftellungen begnügt fich die Mehrzahl der Lefer, nur wenige gehen auf die Quellen zurück, zumal es nach Jean Paul eine Eigenthümlichkeit der Deutfchen ift, lieber zehn Bücher über ein Werk zu lefen, als das Werk. Da ift es denn kein Wunder, daß unter einem großen Theil des Publikums die Anficht herrfcht, feit zwei Jahrtaufenden habe die Philofophie noch faft gar nichts der Rede Werthes ermittelt, nur barocke Wolkenburgen, hinfällige Kartenhäufer in Menge aufgethürmt. Denn in der That nehmen fich in den Gefchichten der Philofophie die Syfteme oft ziemlich albern aus, da nur einzelne Lehrfätze ohne die zugehörigen Erörterungen mitgetheilt werden, gerade diefe aber das Lehrreichfte, Werthvollfte und Intereffantefte enthalten; wenig hilft dabei die meiftens matte und trübe kritifche „Beleuchtung", welche mitunter den Eindruck macht, als ftelle man ein Nachtlämpchen auf, damit man die Sonne beffer fehen könne. Die Art und Weife der Unterfuchung ift es, die Jemand zum großen Philofophen ftempelt; diefe erfährt man aber auch aus ausführlichen genetifchen Gefchichten der Philofophie nicht, oder ift es glaubhaft, daß die mittelmäßigen Köpfe, dergleichen doch die meiften jener Hiftoriker find, fich irgendwie geheime Kunde zu verfchaffen wüßten, wie in den großen Köpfen die Gedanken entftehen? Die Leute, welche nur Gefchichte der Philofophie, nicht die Philofophen felber lefen, meinen nun, fich über deren Gedanken ein competentes Urtheil zu bilden, während fie nur entfeelte Worte vernehmen, denen leicht eigene dürftige Begriffe fich unterfchieben. Kann denn eigene Anfchauung der Kunftwerke und eigene Lektüre der Dichtungen durch Kunft- oder Literaturgefchichten erfetzt werden? Lernt man denn Phyfik oder Chemie vom bloßen Hörenfagen, ohne felbft Experimente zu machen oder wenigstens zu fehen? Gelangt man denn zum Verftändniffe eines Buchs, wenn man das Regifter auffchlägt und das Buch fich danach flüchtig ungefähr hinzudenkt? Nur aus einer fo äußerft oberflächlichen Bekanntfchaft mit den Meifterwerken, die das Alterthum und unfere Vorfahren uns hinterlaffen haben, konnte die närrifche Einbildung entfpringen, alle die genialen Männer, welche der Philofophie ihr Leben gewidmet, ein Ariftoteles, ein Locke, ein Hume, ein Kant, hätten mit ihren gewaltigen Anftrengungen, mit dem Aufwand ihrer ganzen Geifteskraft bloß vergängliche Hirngefpinnfte zu Tage gebracht, und man müffe ganz von vorne einen Neubau conftruiren, als fei noch nichts geschehen. Wer Jene ernstlich studirt, der gewahrt, daß sie ein recht solides Fundament errichtet haben. Freilich war das Gold, welches diese unermüdlichen Bergleute zu Tage förderten, nicht immer von Schlacken rein. Manches kam auch in den täglichen Verkehr, ward dadurch mit der Zeit beschmutzt und verlor den ursprünglichen Glanz. Aber unleugbar haben sie echten leuchtenden Goldes die Fülle errungen; in den verschiedenen Zeitaltern fiel die Ausbeute verschieden aus, bald reichlicher, bald spärlicher; besonders vom Glücke bevorzugt war darin das achtzehnte Jahrhundert.

Wollte man von der Blüthe der Philosophie im vergangenen Jahrhundert erzählen, fast würde es dem vielgeschäftigen, vielbewegten Geschlechte der Gegenwart wie eine ferne schöne Sage klingen. Neuerdings ist ein so kurzathmiger Ton in die philosophische Literatur gekommen; die rasende Hast des industriellen Jahrhunderts hat auch die Philosophie, wie die Dichtung ergriffen; man disputirt mit Eifer hin und her, statt sich mit Hingebung in die Objecte zu vertiefen. Damals liebte und pflegte man ruhige Bildung; die Philosophie genoß damals ungestörte Muße, sie feierte gleichsam ein idyllisches Schlaraffenleben, später brachen die wilden Schicksalstragödien über sie herein; sie fuhr damals nicht mit · der Eisenbahn, sondern reis'te gemächlich und bedächtiglich auf der Post, und die philosophischen Forschungen wurden mit sichtlichem Behagen ruhig ausgesponnen und geduldig zu Ende geführt. Das war jedoch keine Schläfrigkeit, sondern die Vernunft war munter erwacht und schuf mit fleißiger Arbeit ihr herrliches Werk: Aufklärung und Humanität. Wir aber reiben uns jetzt verwundert die Augen nach den wüsten Träumen der Romantik und der Hegelei und knüpfen unser waches Bewußtsein wieder an „das Zeitalter der Kritik, der sich Alles unterwerfen muß[1].“ Das achtzehnte Jahrhundert war die classische Periode der neueren Philosophie[2]. Sehr mit Unrecht ist es von denen, die in der ersten Hälfte des neunzehnten den Ton angaben und das große Wort hatten, herabgewürdigt worden. Statt seine Leistungen zu schmähen und den „beschränkten Standpunkt" selbstgefällig zu belächeln, sollte man zu ihnen hinaufschauen als zu unübertroffenen, unerreichten Mustern. Wie die poetischen Romantiker alles ernsthafte Nachdenken mit Ironie abfertigten, — ein sehr bequemes, mitunter auch amüsantes Verfahren, welches indeß bei consequenter Anwendung bald fade und zum Ekel wird — so spotteten auch Schelling, Hegel nebst ihren Anhängern

---

[1] Kant, Kritik der reinen Vernunft ed. Rosenkranz pag. 7.
[2] Vgl. Herbart XII. 202.

über Aufklärung, Rationalismus, „Reflexionsphilosophie" mit souveränster Verachtung, in ihrem Narrenübermuthe den Abderiten ähnlich, die sich über Demokritos lustig machen. Wie aber unsre romantische Poesie bei allen hohen Intentionen, die man den Schlegel, Tieck und manchen andern Dichtern der Schule nachrühmen mag, zu wenig plastische Kraft besaß, um etwas Neues zu gestalten, und in der That auf eine Rückkehr zum Mittelalter, zum Katholizismus hinauslief, so bestand auch die philosophische Romantik unsres Jahrhunderts wesentlich in einer Reaction, die zur Geistesverfinsterung führen mußte[1]. Lessings, Wielands, Schillers und Goethes immergrüne Lorbeerkränze haben den ephemeren Ruhm der romantischen Mode überdauert; so wird auch der alte Kant jetzt wieder hervorgeholt und nach wie vor mit Interesse gelesen, während die Späteren, denen es eine Weile gelang, ihn zu überschreien und zu discreditiren, bereits in das Grab verdienter Vergessenheit zu versinken beginnen; und es steht zu hoffen, daß Locke und Hume bald ebenfalls unter uns in die gebührenden Ehren werden wiedereingesetzt werden. Als dankenswerthe Schritte zur Restituirung Lockes sind zwei Abhandlungen von Drobisch[2] und Hartenstein[3] anzusehen, die jedoch beide dem verkannten Philosophen noch nicht sein volles Recht widerfahren lassen. Ganz entschieden aber hat Schopenhauer beider großen englischen Denker Bedeutung anerkannt. Er nennt Locke einen „wirklichen summus philosophus, dem es zur Ehre gereicht, von Fichte der schlechteste aller Philosophen genannt zu sein[4]", und erklärt, Kants Kritik der reinen Vernunft sei „durchaus als Fortsetzung der Lockeschen Philosophie" zu betrachten, „welche dadurch, daß sie die Frage nach dem Ursprunge unsrer Erkenntnisse endlich einmal ernstlich zur Sprache brachte, für immer Epoche in der Philosophie macht[5]." Wie hoch er ferner David Hume schätzt, beweiset folgender Ausspruch: „Aus jeder Seite von David Hume ist mehr zu lernen, als aus Hegels, Herbarts

---

[1]) Daher sagt Schopenhauer: „Das ehrwürdige Wort Aufklärung ist eine Art Schimpfwort geworden, die größten Männer des vorigen Jahrhunderts, Voltaire, Rousseau, Locke, Hume werden verunglimpft, diese Herren, diese Zierden und Wohlthäter der Menschheit, deren über beide Hemisphären verbreiteter Ruhm, wenn durch irgend etwas, nur noch dadurch verherrlicht werden kann, daß jederzeit und überall, wo Obskuranten auftreten, solche ihre erbitterten Feinde sind — und Ursache dazu haben" (Ueber den Willen in der Natur pag. 16)

[2]) Zeitschrift für exacte Philosophie, Band II. Heft 1.

[3]) Lockes Lehren ... Leipzig 1861.   [4]) Ethik XXIX.

[5]) W. a. W. u. V. II 89 vgl. Parerga I 22, 68. Vierf. Wurzel pag. 111. (Die Parerga und Paralipomena citire ich nach der von Schopenhauer selbst veranstalteten Ausgabe von 1851.)

und Schleiermachers sämmtlichen philosophischen Werken zusammengenommen[1])." Ueberhaupt war Schopenhauers Meinung vom achtzehnten Jahrhundert eine sehr günstige, und er stellte sogar Christian Wolf und die Eklektiker Feder, Platner u. A. weit über die Götzen seiner Zeit[2]).

Es sind vorzüglich Locke und Hume, mit denen in sehr vielen wesentlichen Punkten übereinzustimmen, mir zur Freude gereicht. Sich mit solchen Männern gleichgesinnt zu wissen, hebt und befestigt das Vertrauen zur eigenen Denkart. Auch von ihren französischen Nachfolgern ist Manches zu lernen. Diese waren keineswegs so ganz oberflächliche Schwätzer; im Vergleich mit Hegelianern möchte man sie als Leute von exemplarischer Gründlichkeit loben; sie lebten nicht eben sittsam, aber im Denken hielten sie sich wenigstens ziemlich rein von Unsinn; des idées nettes war ihr Wahlspruch. In Deutschland kam die von Locke angeregte Entwickelung der Philosophie langsamer vorwärts, als bei den Nachbarn. Die bekannte Schwerfälligkeit und Blödigkeit unsrer Nation, die Furchtsamkeit und stete Rücksicht auf das, was hohe Obrigkeit dazu sagen mag, ihr übertriebener Respekt vor gewissen grimmigen Herren im Schafspelz, daneben große Neigung zu skelettartigen Abstraktionen, zu confuser „Tiefe" und gemüthlicher Unklarheit standen hier als mächtige Hindernisse im Wege. Dessenungeachtet dürfen wir Kant mit Stolz den unsern nennen, Leibnitz war, abgesehen von seiner prästabilirten Harmonie und seinem Optimismus, trotzdem ein feiner Beobachter, und sicherlich ist Göthes Faust voll edelsten philosophischen Gehalts — ein Werk von unvergleichlich höherer Bedeutung für die Philosophie, als manche dickleibige Logik und Metaphysik. Seine Erwähnung an dieser Stelle mag heutigen Tages befremdlich klingen; im achtzehnten Jahrhundert standen aber Dichtung und Philosophie in einem weit freundlicheren und innigeren Verhältnisse zu einander als jetzt. Wie lebhafte Theilnahme widmeten der Philosophie nicht Lessing, Wieland, Schiller, Göthe! Wie bescheiden lernwillig suchten sie nicht Belehrung von den Meistern dieser Wissenschaft! Die Selbstzufriedenheit, mit der moderne Dichterlinge ihr den Rücken kehren, die Arroganz, mit der moderne Belletristen und Literarhistoriker häufig große Denker wie Schulknaben behandeln, als ob sie selbst, die doch von Philosophie kaum eine blasse Ahnung haben, dergleichen tausendmal besser verständen und die Recepte dazu in der Tasche hätten, solch dummstolzes Gebahren war den großen classischen Dichtern fremd.

---

[1] W. a. W. II 666 vgl. W. a. W II 387 W. i. d. Natur 37. Ebenfalls höchst respektvoll urtheilt übrigens Kant, z. B. K. d. r. V. 575. Prolegomena 8.

[2] Parerga I 23, 185.

Der Gedankenarbeit des achtzehnten Jahrhunderts schließen demnach meine Untersuchungen sich an. „Also Eklektizismus!" rufen einige Leser mit verdrießlicher, andere mit vergnügter Miene aus; letztere sind die Rezensenten, welche bisher vergebens auf das Signal gelauert hatten, mit was für einem Ismus sie es zu thun bekommen. Nun wissen sie, in welches Fach ihres Schubkastens sie den ihrem Netze so lange entschlüpften Verfasser hineinsperren können. Immerhin! Eklektizismus ist gar kein so übles Ding, wofern nur die getroffene Auswahl eine gute ist, und nicht, wie von Cicero, Krümel und Brocken der heterogensten Systeme bunt durch einander in Einen Topf geworfen, die Gegensätze abgestumpft und zu einem weichen Brei zusammengequetscht werden, sondern Consequenz in der Verbindung herrscht. Auch Schopenhauer war Eklektiker, und wenn einige Enthusiasten als seine bewunderungswürdigste Eigenschaft preisen, daß er ein durchaus originaler und origineller Denker gewesen sei, der nichts von Andern entlehnt, seine ganze Philosophie aus sich allein herausprobuzirt habe, so legen sie dadurch grobe Unwissenheit an den Tag. Schopenhauer selbst hat das auch niemals behauptet, vielmehr das Gegentheil ausdrücklich eingeräumt. Der verächtliche Ton, in dem man gewöhnlich das Wort Eklektizismus ausspricht, rührt besonders von der zu Anfang dieses Jahrhunderts etwa aufgekommenen Meinung her, die Philosophie könne und müsse aus Einem obersten Prinzipe komplett in Einem Gusse von Einem beduzirt werden; während doch alle andern Wissenschaften mehrerer Menschenalter und der gemeinsamen Arbeit Vieler bedurften, um zu ihrer heutigen Höhe allmählich emporzugedeihen; die Philosophie aber bietet wahrlich keine leichtere Aufgabe, als ihre Schwestern, dar. Denen, welche in Originalitäts- und Genialitätssucht sich noch mit jener Chimäre schmeicheln, seien folgende goldene Worte aus Kants Anthropologie in Erinnerung gebracht: „Ein Schlag von ihnen, Geniemänner, besser Genieaffen genannt, hat sich unter jenem Aushängeschilde mit eingedrängt, welche die Sprache von der Natur außerordentlich begünstigter Köpfe führen, das mühsame Lernen und Forschen für stümperhaft erklären und den Geist aller Wissenschaft mit Einem Griffe gehascht zu haben, ihn aber in kleinen Gaben concentrirt und kraftvoll zu reichen vorgeben .... Was ist hiewider Anderes zu thun, als zu lachen und seinen Gang mit Fleiß, Ordnung und Klarheit geduldig fortzusetzen, ohne auf jene Gaukler Rücksicht zu nehmen!"

Mit den herrschenden Richtungen des neunzehnten Jahrhunderts hat der Gang meiner Untersuchungen zu mannigfachen Conflicten geführt. Da ich nun nicht kahl darüber aburtheilen mochte, auch Schopenhauers

Verhältniß zu ihnen charakterisiren mußte, habe ich meine gegen den Materialismus, den neueren Realismus, die Teleologie und den
Pantheismus aufzuwerfenden Einwände geeigneten Ortes auseinandergesetzt. Dadurch ist diese Schrift, welche sich zunächst nur auf Schopenhauer bezieht, zu einer Kritik der Philosophie der Gegenwart erweitert worden, wobei jedoch die ursprüngliche Absicht leitender Hauptge-
sichtspunkt bleiben mußte, ganz unerhebliche oder augenfällig verkehrte Systeme daher gar nicht, die bedeutenderen nur ihren Grundzügen nach berücksichtigt werden konnten. Die Vertreter dieser Systeme durch meine
Beweise von deren Unrichtigkeit zu überzeugen, hege ich geringe Hoffnung,
eingedenk der Frage Locke's: „Würde es einem gelehrten Professor nicht
ganz unerträglich sein . . . ., wenn er sein nunmehr vierzigjähriges Ansehn, welches er sich gleichsam aus hartem Felsengriechisch und Felsenlatein
mit nicht geringem Aufwande der Zeit und des Lichtes erarbeitet hat,
und welches durch die allgemein hergebrachte Lehre und einen ehrwürdigen
Bart bestätigt ist, auf einmal von einem in der gelehrten Welt noch nicht
bekannten Neulinge vernichtet sehen sollte? Kann man wohl vermuthen,
daß dieser Professor dahin zu bringen wäre, es zu bekennen, daß, was
er seit dreißig Jahren seinen Studenten gelehrt, lauter Irrthümer wären,
und daß er ihnen schwere Wörter und Unwissenheit sehr theuer verkauft
hätte? Welche Wahrscheinlichkeiten, sage ich, sind vermögend, in solchem
Falle etwas auszurichten? Und wer wird sich jemals durch die stärksten
Beweisgründe bewegen lassen, seine alten Meinungen und seine vermeinte
Wissenschaft und Gelehrsamkeit, um deren Erlangung er es sich seine
ganze Lebenszeit so sauer hat werden lassen, auf einmal von sich zu
thun und, so zu sagen, ganz nackend auszugehn und neue Begriffe zu
suchen? . . . .[1]).“ Am ehesten ließe sich von Herbartianern guter Wille
und Fähigkeit zu gerechter Würdigung der ihrer Doktrin entgegenzustel-
lenden Gründe erwarten, weßhalb auch Herbarts Metaphysik und Ethik
in besonders eingehender Weise geprüft worden sind.

Antimetaphysisch sind meine Untersuchungen im Sinne Locke's,
Hume's und Kant's[2]). Sie sind gerichtet gegen jedes Unterfangen, durch
Operation mit Begriffen das menschliche Wissen über der Erfahrung
Bereich hinaus zu erweitern, welche Vermessenheit schließlich immer dem
Sprichwort: „du sublime au ridicule il n'y a qu'un pas“ Bewährung
giebt und dem Hohne des Mephistopheles unterliegt:

---

[1]) Locke essay concerning human understanding IV. C. 20 §. 11.
[2]) Locke IV. C. 3 §. 9 ff. Kant K. d. r. V. 244. 707 oben.

„O heil'ger Mann, da wär't ihr nun!
Iſt es das erſte Mal in eurem Leben,
Daß ihr falſch Zeugniß abgelegt?
Habt ihr von Gott, der Welt und was ſich drin bewegt,
Vom Menſchen, was ſich ihm in Kopf und Herzen regt,
Defiuitionen nicht mit großer Kraft gegeben,
Mit frecher Stirne, kühner Bruſt?
Und, wollt ihr recht ins Inn're gehen,
Habt ihr davon — ihr müßt es grad' geſtehen —
So viel, wie von Herrn Schwertleins Tod gewußt."

Unter den guten Köpfen laſſen ſich zwei Klaſſen unterſcheiden. Die Einen gefallen ſich gern in Ausrufungen, wie: das iſt bedeutend! das iſt großartig! das iſt ſchön geſagt! das klingt erhaben! und ſtimmen meiſt unbedenklich dem, der ihnen imponirt, mit Begeiſterung bei. Die Andern fragen vor Allem: iſt es wahr? iſt's ein deutlicher Gedanke? beſteht es die Prüfung der Vernunft? was ſteckt eigentlich dahinter? what is the matter of fact? Sei eine „Idee" noch ſo hoch oder noch ſo tief, ſie bleiben unbeſtochen; kein bunter Dämmerſchein, keine „mondbeglänzte Zaubernacht" vermag ſie zu blenden, ihr Auge liebt das helle Tageslicht; allen poetiſchen Deklamationen zum Trotze kommen ſie immer wieder auf die fatale proſaiſche Frage zurück: iſt das auch wirklich wahr? Erſtere ſind die Geiſtreichen und die zur Beredſamkeit beanlagten Köpfe, ihr Liebling iſt Plato, den ſie als den göttlichen Denker verehren; Letztere bilden die kleine zum Philoſophiren geborene Schaar; an ſie wendet ſich dieſe Antimetaphyſik.

Von den über Schopenhauer erſchienenen Schriften bleibt noch heute die werthvollſte Herbarts Rezenſion[1]). Sie iſt reich an vortrefflichen Bemerkungen, die ich an den bezüglichen Stellen meiner eigenen Kritik citirt habe, weßhalb hier eine kurze Notiz genügen mag.

Gerade die Aermſten an Geiſt ſind gewöhnlich die Begierigſten, zu verkleinern; wer ſelbſt Vorzügliches leiſtet, läßt auch Andere gelten, zu groß zum Neide. Während „die Welt als Wille und Vorſtellnng" allerſeits von den „Herren vom philoſophiſchen Gewerbe" ignorirt wurde und ſekretirt bis in die jüngſte Zeit, begrüßte Herbart ſeinen großen Zeitgenoſſen ſchon 1819 freudig als „einen wirklich ausgezeichneten Denker und Schriftſteller", was ihm wegen der totalen Sinnesverſchiedenheit beider Männer um ſo höher anzurechnen iſt. Nicht zu billigen

---

[1]) Herbarts Werke XII. 369—391.

ist hingegen die Ueberschätzung Fichtes[1]), die man wohl aus dem Um-
stande erklären muß, daß Herbart in früher Jugend dessen Schüler war,
ferner das ungerechte Urtheil über „die an sich nichtige Natur- und Kunst-
philosophie, welche bei Herrn S. aus dem Gemenge entsteht[2])", die Ue-
bergehung des dritten und die spöttische Bezeichnung des vierten Theils,
endlich die Schlußerklärung für den Optimismus, welche zwar von Herbarts
liebenswürdigem und Achtung gebietendem Charakter zeugt, auch einiges
Wahre vorbringt, die Macht der Gegengründe aber nicht besiegt.

Seitdem nun durch den Artikel der Westminster Review „Icono-
clasm in German philosophy" 1853 und durch die Bemühun-
gen des Dr. Frauenstädt die Aufmerksamkeit des Publikums auf die
beinahe verschollenen Werke Schopenhauers gelenkt war, sind bereits über
ihn Aufsätze und Bücher in Menge geschrieben worden. Diese Literatur
in ihrem ganzen Umfange kritisch durchzumustern, wäre unnütze Weitläu-
figkeit; ich beschränke mich darauf, über die merkwürdigsten unter den
neueren Darstellungen Bericht zu erstatten.

Zunächst verdient Herrn Dr. Gwinners Biographie Erwähnung[3]).
Dies Buch enthält manche interessante Notizen, aber es läßt sich nicht
verhehlen, daß die Darstellung dessen, „was er lehrte", im siebenten Capitel einen etwas befremdlichen Eindruck macht[4]). Wie Herr Dr. Gwinner Heterogenes in Schopenhauers Philosophie hineindeutet, indem er sie
„aus dem Herzen nachbildend wiedererzeugt[5])", verräth sich gleich zu Anfang des Abschnitts, wo es heißt: „Auch Schopenhauers Philosophie kam
aus dem Herzen; wenn man bis zu ihrer Wurzel durchdringt und sich
nicht von einer nebenher gehenden scheinbar (?) widersprechenden Theorie
irre machen läßt. Allen seinen Lehrsätzen, sagt er, liege dieselbe intuitive
Erkenntniß, die anschauliche Auffassung desselben, nur successive von verschiedenen Seiten betrachteten realen Objects zum Grunde. Den höheren
Grad der Intuition, der dem Genie eignet, schrieb er der größern Freiheit des Intellekts vom Dienste des Willens zu." Letzteres läuft nun
auf das gerade Gegentheil der Behauptung hinaus, zu deren Belege es
angeführt wird, denn das Herz hat Schopenhauer oft ausdrücklich als ein
Synonymum des Willens bezeichnet. Weiter wird, allen bestimmtesten
Erklärungen Schopenhauers durchaus widersprechend, das metaphysische

---

[1]) pag. 370.   [2]) pag. 383.
[3]) Arthur Schopenhauer aus persönlichem Umgange dargestellt .... von Wil-
helm Gwinner. 1862.
[4]) Dies Urtheil haben mir mehrere Freunde der Schopenhauer'schen Philosophie bestätigt.
[5]) pag. 133.

Bedürfniß des Menschen mit folgender Wendung: „Aber nun will er zugleich, d. h. er hat zugleich eine von der Vorstellung grundverschiedene unmittelbare Seinsweise an sich, deren Erkenntnißquelle er nicht auf den Satz vom Grunde zurückzuführen vermag ¹)“, auf die Frage nach einer letzten Ursache, einer causa sui“ reduzirt!! Hörte Schopenhauer das als seine Lehre vortragen, ich glaube, er kehrte sich im Grabe um. Solcher Auslegung verwandt ist der Satz: „Kants kategorischer Imperativ ist nämlich in seinem letzten Grunde nichts Anderes, als die erkannte (?) höchste (?) Einheit des Dinges an sich ²)“, während doch gerade Schopenhauer die vollständige Nichtigkeit dieses kategorischen Imperativs auf das Nachdrücklichste bewiesen hat. Ferner soll derselbe „das centrifugale transeunte Willenssystem, welches für sich allein die in der Spannung ihrer Pole ruhende Einheit des Lebens nicht zu begründen vermag ³)“, für den „Seinsgrund“ des Lebens gehalten haben!! wogegen Herrn Dr. Gwinners eigne Meinung ist: „Vielmehr sind wir gezwungen, den Willen, wennschon wir ihn dem Intellect gegenüber mit Schopenhauer als den realen Faktor und positiven Pol des Lebens erkennen, dennoch als etwas, welches das Wesen nur hat, nicht aber ist, d. h. als bloßes Organ zu fassen ⁴).“ Höchst erstaunlich muß es Kennern Schopenhauers klingen, daß Ausdrücke, wie: „Seinsweise“, „Darleben“, „Ichheit“, mit Vorliebe gebraucht werden; desgleichen die Erwähnung Schleiermachers als eines Ebenbürtigen mit den Worten: „Diese beiden großen Denker...“ Ein „Geistesverwandter“ Schopenhauers wird auch der „namenlose und doch unsterbliche Frankfurter“ genannt, in dessen pag. 173 citirten mystischen Offenbarungen der Grundriß einer neuen Gestalt der Metaphysik, Physik und Ethik vorgezeichnet sei, die Herr Dr. Gwinner eingeführt wissen möchte — ich nicht. Doch Herr Dr. Gwinner ist wahrscheinlich im Besitze einer verborgenen Weisheit, an deren Dasein zu glauben ich nur zu herzlos bin, und „was kein Verstand der Verständigen sieht, das übet in Einfalt ein kindlich Gemüth“, wenn man mit dem Herzen nachbildend wiedererzeugt.

Das Resultat, zu dem die eingemischte Kritik gelangt, lautet: „Schopenhauer würde das Ziel (?) erreicht haben, wenn es ihm gelungen wäre, die concrete Lebensfülle, die ureigne Kraft einer an sich idealen Potenz, wie der Wille ist, (?!) nur einen Schritt noch über die Grenze der physischen Welt hinaus festzuhalten ⁵)!“ „Ueber die Grenzen der physischen Welt hinaus“ bin ich leider zu wenig bewandert, um hier

---

¹) pag. 158.   ²) pag. 165.   ³) pag 182.
⁴) pag. 183.   ⁵) pag. 170.

noch ein Urtheil wagen zu dürfen — böse Zungen zischeln, in jenen höheren Regionen hause viel höherer Blödsinn; ich kann nun zwar nicht umhin, die Vermuthung zu äußern, daß Schopenhauer auf Erden vielleicht weniger Parforce-Genie, aber ein bischen gescheuter gewesen, als er nach solchem Bilde seiner Lehre erscheint, überlasse jedoch das Ueberweltliche vertrauensvoll dem Biographen, der darin wohl gründlicher unterrichtet sein mag, als in Schopenhauers Philosophie. Oder soll ich mein Urtheil offen bekennen? soll ich heraussagen: „wie er räuspert und wie er spuckt ....?" Nein, ich will gutmüthig sein und mich der Sünde enthalten, die Hamlet den Schauspielern verbietet, indem sie mit Polonius abgehn. Für Philologen möchte übrigens in dieser Biographie der letzte Satz des Vorworts als sprachlich schwierig nicht ohne Interesse sein.

Herrn Rudolf Seydel ist es gelungen, einzelne Schwächen des Schopenhauerschen Systems herauszufinden, in deren Erörterung er sich als scharfsinniger Kritiker zeigt [1]). Um so mehr ist zu bedauern, daß Herr Seydel sich zum Nachtrab der Hegelianer gesellt hat. Wie daher Schopenhauer von ihm im Vergleich mit Fichte, Schelling, Schleiermacher und Hegel herabgesetzt wird, geht aus folgenden Aeußerungen hervor: „Schopenhauers Hauptwerk, das im Jahre 1818 bereits geschrieben war und von dessen Standpunkt auch die jüngsten Schriften des Verfassers nicht abweichen, war schon bei seinem Erscheinen hinter dem unaufhaltsamen Fortgange der philosophischen Wissenschaft zurückgeblieben. Die Philosophie, welche es enthält und die von der ersten grundlegenden Schrift nur vorbereitet, von den spätern ergänzt und befestigt wird, hat weder Hegel, noch Schleiermacher, noch Herbart an sich erlebt, ja selbst dem Einflusse Schellings, der nicht zu verkennen ist, hat schnöde Abweisung aller echten Speculation und Lust, originell zu sein (!!), den besten Theil seiner Macht entwendet [2])." Dieser Tadel kommt mir nicht anders vor, als wenn man Jemandem einen Vorwurf daraus machen und ihn beklagen wollte, daß er nie die Pocken und das Nervenfieber an seinem Leibe erlebt, sondern eine hartnäckige Gesundheit genossen habe — der arme Mann! Ferner: „Fichte, Schelling und Schleiermacher haben den Uebergang an sich erlebt, ja selbst mit veranlaßt.. Schopenhauer dagegen, und dies ist die Ansicht über ihn, welche alles Nachfolgende erhärten soll (?), ist im Uebergange selbst stehen geblieben; sein Standpunkt schließt sich zunächst an der Schrift Fichtes über

---

[1]) Gut ist, was er pag. 19, 20 und 21 gegen Schopenhauers Theorie der Anschauung, pag. 27 oben hinsichtlich der Causalität, pag. 61 unten, 63 unten, 85 gegen die Lehre vom Willen sagt.

[2]) pag. 2.

die Bestimmung des Menschen[1]).“ „Danach ist m. E. nicht möglich, Schopenhauer bereits den Identitätsphilosophen einzureihen, wohl aber die Beziehungen mit denselben, welche sich bei ihm finden, als Spuren jenes Einflusses der Identitätsphilosophen anzusehen, welchem er zu seinem Nachtheil keine volle Macht über sich gelassen hat[2]).“ „Er hat das große spekulative Prinzip jener Denker herabgedrückt zu einem empirischen Realgrunde, den er nunmehr, seines Ursprunges uneingedenk, seinen Meistern als selbstständigen Fund entgegenhält[3]).“ — Solche Befangenheit in der Modephilosophie mußte natürlich auf die ganze Darstellung und Beurtheilung den nachtheiligsten Einfluß üben. Zu einer unverfälschten Auffassung Schopenhauers gehört vor allen Dingen die Einsicht, daß seine Denkart von der jener Pseudo-Weisen total verschieden ist.

Zur Hauptaufgabe hat sich Herr Seydel die Widerlegung des transcendentalen Realismus gestellt. Dies Geschäft macht er sich wunderbar leicht, indem er z. B. über die Realität der Causalität mittheilt: „Im Grunde ist sie schon dadurch bewiesen, daß die Caussalität zu den Denkformen gehört, deren wir beim besten Willen nicht entrathen können, deren wir uns zu bedienen gezwungen sind, als eines Objectiven, sowohl um diese ihre Objectivität zu widerlegen, als zu beweisen[4]).“ Seine anderweitigen Beweise bestehen darin, daß er „Denken und Sein“ ohne alle Umstände für identisch annimmt. Der Gedankengang ist dabei folgender: „Wird der Identitätssatz anerkannt, so erstreckt sich diese Anerkennung auch auf das durch ihn für identisch mit ihm Erkannte (?), und so wäre die objective oder (!sive?) absolute Giltigkeit des Satzes vom Grunde in Gestalt des Erkenntnißgrundes der erste Gewinn, den wir Schopenhauer gegenüber streng festzuhalten haben[5]).“ — ein absoluter Sprung zum Objektiven — „Verstehen wir jedoch darunter“ — nämlich unter der causa prima, die natürlich statuirt wird — „eine Substanz, deren Wesen es sich bringt, ewig zu wirken, weil sie nicht als ein Starrseiendes, sondern selbst als real-ideale Kraft (!!) absolutes Werden, „reines Wirken“ oder (?) „Wille“ gedacht ist, so daß ihr jede Einzelwirkung gleichsam als nothwendiges Merkmal inhärirt, so können wir diesen Begriff durch obige Identifikation des Werdegrundes mit dem Erkenntnißgrunde rechtfertigen, die wir nunmehr auch von der andern Seite, von der des Werdegrundes aus, vollziehen wollen[6]).“ Dieser Satz ist reich an Merkwürdigkeiten; der achtsame Leser nimmt u. A. wahr,

---

[1]) pag. 7.　　[2]) pag. 60.　　[3]) pag. 69.　　[4]) pag. 27.
[5]) pag. 16.　　[6]) pag. 33.

daß wieder ein Salto mortale zu kommen droht. In dieser Erwartung wird man auch keineswegs betrogen, sie geht schon auf der folgenden Seite in Erfüllung, wo kundgethan wird: „Das allgemeine Sein ist aber eben deshalb, weil es das Einzelsein fortwährend setzt, ewiges Werden, die Coincidenz von Sein und Nichtsein. Nur in dieser Bestimmtheit (?) als ewiges Werden kann es das leisten, was es soll, nämlich den Urbegriff abgeben oder (! sive?) die Urwirkung, von der alle Einzelwirkungen nur Merkmale sind." Weiter: „Demnach ist der Satz vom Grunde in allen seinen vier Gestaltungen überall derselbe, nämlich der Satz der Identität oder (! sive?) die unendliche Denk- und Daseinsmöglichkeit selbst . . .').“ (Dieser immer wiederkehrende äußerst praktische Gebrauch des oder ist bei Spinoza zu Hause.) Endlich: „Denn das Denken und der Geist sind nicht minder seiende Realitäten (giebt es vielleicht auch nicht-seiende Realitäten?), als Ausdehnung und Materie, sind nicht minder in ihrem innersten Wesen Kräfte, als die letztern, also beider Existenz an gleichen Gesetzen der Möglichkeit hangend, beide real-ideal, beide identisch.“

Da dies Alles nicht so ganz deutlich ist, und ein Neuling dabei wohl bewundernd Mund und Nase aufsperren möchte, wie der Schüler im Faust, so wollen wir die Sache durch einen artigen Scherz des „Meisters“ Hegel erläutern. Dieser spaßliebende Herr ließ einmal das Bonmot fallen, zwischen Verschiedenheit und Identität gäbe es eigentlich keine Verschiedenheit, denn die Identität sei „an ihr selbst“ verschieden, und das Verschiedene wieder alles einerlei. Bei guter Laune wiederholte er gern diesen Witz, und dies that er so oft, daß Manche am Ende meinten, das sei sein Ernst; zumal er als guter Komiker sich wohl hütete, über seine Schelmereien selbst zu lachen, vielmehr dieselben mit dem feierlichsten Gesichte von der Welt zum Besten gab, was ihm um so leichter gelang, da der Schalk selbst für seine immense vis comica unempfindlich war. Mit Unrecht hat man diesem harmlosen Manne Dünkel vorgeworfen; der Bescheidene wußte nicht einmal um sein schönstes Talent, und wenn ihm Jemand darob Complimente machte, so leugnete er es ab und wurde böse. Aus dieser Verkennung einer Posse ist ein Schock Lehrbücher entstanden, die mit so gutem Fuge Logik betitelt waren, wie lucus a non lucendo.

Um aber noch populärer zu reden, will ich erzählen, wie einmal Müller seinem Freunde Schulze bewies, daß sie nicht bloß „ein Herz und eine Seele“ seien, sondern wirklich dieselbe Person:

') pag. 39 und 40.

Du, Schulze, sagte er, bist nicht Müller,
    also von Müller verschieden.
Ich, Müller, bin nicht Schulze,
    also von Schulze verschieden.
Also bist Du verschieden und ich bin verschieden.
Also sind wir beide verschieden.
Also sind wir beide? identisch!
      Quod erat demonstrandum.

Eine Stimme aus dem Hintergrunde aber soll gerufen haben: Ihr seid — Genies! und Klabberabatsch hat sie seitdem als seine tiefsinnigsten Philosophen engagirt mit einem Friedrichsdor Honorar pro Semester für jeden Abonnenten. Durch solche Protektion ermuthigt, haben sie dann noch viele dialektische Finessen herausgegrübelt, immer streng an der heiligen „methodischen" Formel festhaltend: Alle Hunde haben Schwänze, alle Katzen haben Schwänze, also sind Hunde und Katzen identisch, und ist überhaupt Alles identisch, was Schwänze hat, und, da Nichtschwanz zwar bei oberflächlicher Betrachtung mit dem Schwanz im Gegensatz, bei tieferer aber als seine bloße Verendlichung, sein Alleswerden gleichsam, sein Sich-selbst-aufheben, kurz als Schwanz in seinem Andersseyn erscheint, so ist auch alles Nichtschwanz Habende mit dem Schwanzbehafteten zu höherer Einheit verbunden und identisch. Nach vollbrachter Ideenarbeit aber gingen sie Abends seelenvergnügt ins Wirthshaus, ließen den lieben Gott einen guten Mann seyn und die Begriffe sich selber denken, spielten Karten und sangen das bekannte Bundeslied der Schule: 's ist mir Alles eins ... Durch dies Lied, welches sie in den Geruch republikanischer Neigungen zur égalité brachte und durch ein kleines Räuschlein, wobei sie einigen Berliner Consistorialräthen die Fenster einschlugen, wurden sie eine Zeit lang mißliebig, doch retteten sie sich durch Berufung auf ihre orthodoxe Lehre, daß einschließlich der preußischen Hälfte von Lippstadt Alles, was wirklich ist, vernünftig ist — Nachtwächter, Fensterscheiben, Consistorialräthe, Collegienhonorare, auch Dozenten Hegelscher Logik, bei denen ihrer Lehre gemäß das Vernünftige seyn Gegentheil „an ihm selber zeigt", u. A. m.

Nicht so feindlich, wie dem Idealismus Schopenhauers, tritt Herr Seydel dessen Lehre vom Willen als dem Dinge an sich entgegen. Vielmehr wird „die Naturphilosophie" von ihm „in Schutz genommen[1])." Aber was ist in seiner Darstellung durch die nöthig befundenen Correcturen daraus geworden? „Wollen wir daher den zweideutigen Ausdruck

---

[1]) pag. VI.

Wille vermeiden, der ja ohnehin nur a potiori gewählt ist, so müssen wir Wirken sagen, reines Wirken oder reine That; da aber das Object dieser That, das, was gewirkt wird, eben Vorstellung oder Erkenntniß ist, so ist zuletzt ewige reine Erkenntnißthat (wenigstens hiernach) das Ding an sich oder das Absolutum der Schopenhauerschen Philosophie [1])." Was kommt es auf eine Hand voll Noten an? Nur nicht ängstlich! Immer cavalièrement! Nachträglich fällt Herrn Seidel selbst indeß ein: „Es ist offenbar nicht einerlei, ob wir den Willen selbst oder seine ewige Identität mit dem Vorstellen (!) das Ding an sich nennen [2])." Aber mit demselben Leichtsinn wird eröffnet: „Für jetzt können wir uns nur einfach einverstanden damit erklären, daß als das Wesen der Welt ein verschiedene gegensätzliche Phasen durchlaufender, teleologischer Prozeß betrachtet wird, dessen essentia Kraft, d. h. ein den Gegensatz von Materie und Geist in sich als Abstraction aufhebendes Wirkendes ist, wofür wir die Bezeichnung Wille allerdings nicht völlig billigen [3])." „Da er mithin das Nicht-nicht-sein-Könnende, also schlechthin Nothwendige ist (wie in der That auch Schopenhauers Wille), so nennen wir ihn den absoluten Prozeß oder den Prozeß des Absoluten." „Der absolute Wille ist gut, und das Gute ist der absolute Wille, dies ist ein identischer Satz (wie klar!!). Der Einzelwille dagegen ist nicht der absolute (wie treffend!!); er will in seiner Abstractheit (!) nicht diesen letztern, sondern sich selbst und sich nur allein: er ist nicht gut [4])." Ich möchte wohl Zeuge der Scene gewesen sein, die sich ereignet haben würde, wenn Herr Seydel dies seinem Schlachtopfer vorgelesen hätte. Nach allem Angeführten kann es nicht mehr Wunder nehmen, wenn als Resultat dieser Betrachtung sich ergiebt: „daß Schopenhauer auf keinem andern Wege, als dem Hegels, das Absolute als solches erkennen und diese Erkenntniß rechtfertigen konnte, welchen Weg wir hier natürlich nur andeuten, nicht bis zum letzten Ausgangspunkt zurückverfolgen durften [5])"; und daß uns anstatt der so ernst und tief gedachten Lehre von der Verneinung des Willens folgende Spielerei mit hohlen Worten zugemuthet wird: „Es ist das der Vernunft inwohnende Absolute selbst, welches hinter dem es verleugnenden Verstande lauernd ihn zur Verneinung seiner selbst nöthigt, sobald es ihr Interesse gilt. Verneinung des endlichen Verstandes im Interesse des Absoluten ist das Prinzip der Wahrheitserkenntniß [6])." Nein! Dergleichen ist das Prinzip der Frivolität im

---

[1]) pag. 59. [2]) pag 61. [3]) pag. 73. [4]) pag. 80.
[5]) pag. 93. [6]) pag. 92.

Denken, die bodenlose Verflachung und Schwätzerei in ihrem Ge-
folge hat!

So viel wenigstens hätte der Rezensent aus Schopenhauers Schriften lernen sollen, um einzusehen, daß „absolute Nothwendigkeit" contradictio in adjecto, eine das Absolute anschauende Vernunft ein Unding
ist, und nicht Sätze niederzuschreiben, wie: „Absolut nothwendig ist das
Nicht-nicht-sein-Könnende, d. h. dasjenige, in dessen Begriffe es liegt, zu
sein [1]." „Wenn wir Vernunft das ruhige in sich selbst versenkte Bewußtsein nennen wollen, Verstand aber dessen thätiges, Begriffe bildendes
Aus sich herausgehen . . . [2]" „Bleiben wir dabei, Vernunft das unthä-
tig in sich versenkte Absolute, also die bloße potentia (den λόγος ἐν-
δ:άϑετος), Verstand die thätige Vernunft (den λόγος προφορικός) zu
nennen; dann ist, was Hegel Vernunft nennt, nur die für Auffindung
der Wahrheit richtig angewandte (also unthätige!), was er Verstand
nennt, der zu diesem Ende übel angewandte Verstand [3])." „Erst zu dieser consequenten Durchführung des Systems bedarf es wieder der Vernunft, welche allein über die Gegensätze zu erheben vermag, in denen der
endliche Verstand verbleibt. Jetzt erst giebt es philosophische Systeme,
denn der Begriff des Organismus ist der Wissenschaft gewonnen [4])."

Vorstehende kleine Blumenlese aus dem besprochenen Werke, die übrigens noch beträchtlich durch Aehnliches vermehrt werden könnte, ist einerseits deshalb veranstaltet worden, weil ich das Abweichen meiner Ansicht
von der in einer „gekrönten Preisschrift" über mein Thema verfochtenen
hinlänglich zu motiviren wünschte, andrerseits weil diese Schrift sich vorzüglich dazu eignet, an ihr in nützlicher und für Freunde des Burlesken
vielleicht nicht unbeliziöser Weise ein Beispiel zu geben, wohin es führt,
wenn man vornehm auf die „untergeordnete rationalistische Methode"
herabblickt, „die sich fortan vor den Augen der Denkenden selbst verzehren
soll, um durch den horror vacui ihren polaren (?) Gegensatz in Gestalt der intuitiven oder illuministischen Methode hervorzurufen", —
endlich auch um des Autors willen, der, wie gesagt, bei alledem als ein
scharfsinniger Kopf zu schätzen ist. Hätte er nur nicht, statt aus Schopenhauers schönen und unterrichtenden Werken Genuß und Belehrung zu
schöpfen, sich hinreißen lassen zur Ueberhebung über den großen Mann,
den er fürwahr nicht einmal ordentlich verstanden, geschweige denn widerlegt, ja kaum mit der schicklichen Aufmerksamkeit gelesen hat! Leider zeigt
sich solche Ueberhebung allerorten, am unerquicklichsten in der Vorrede,
wo der Verfasser erklärt, er habe diese Schrift „während ihres Entstehens

---

[1]) pag. 35.　　　[2]) pag. 43.　　　[3]) pag. 90.　　　[4]) pag. 6.

nur für eine ihn persönlich fördernde Uebung und Geistesprobe angesehen" ꝛc., und das harte Urtheil ausspricht: „Ich kann nun nicht leugnen, daß ich bei allem Bemühen, gerecht zu sein, selbst in den Fall gekommen bin, das eigentliche Verdienst Schopenhauers für die Auffindung
philosophischer Wahrheit sehr gering anschlagen zu müssen, ja, daß ich,
aufrichtig gesagt, ein solches Verdienst, durch welches wir in der Geschichte
der Philosophie mit dem Namen Schopenhauer ein Stadium des Fort-
schritts bezeichnen könnten, gar nicht erkenne und alles Lobenswerthe,
was ich an diesem immerhin geistvollen und imponirenden Manne finde,
ihm mehr als Schriftsteller, denn als Philosophen zurechnen muß." Also
nur als ein guter Schriftsteller soll Schopenhauer „immerhin" passi-
ren, nicht als Philosoph? Da nun seine Schriftstellerei aber durchweg
philosophischen Inhalts ist, so soll demnach nicht der Inhalt, sondern
nur der Styl zu loben sein. Worauf beruht aber Schönheit des Styls?
Weßhalb haben Lessing, Göthe, Hume, Schopenhauer so schön,
Hegel und Consorten so erbärmlich geschrieben? Weßhalb nimmt sich
Lachmanns Versuch in den Betrachtungen über die Ilias, den Styl Lessings nachzuahmen, komisch aus? „Der gute Styl beruht hauptsächlich
darauf, daß man etwas zu sagen habe¹)." Freilich mögen wohl viele
der Herren, deren Handwerk es ist, vollständige Lehrbücher der Metaphysik, der Ontologie, der Psychologie, der Ethik, der Aesthetik in ein paar
Monaten abzufassen, Schopenhauer als einen bloßen Belletristen betrachten und gegen seinen einmal nicht abzuleugnenden schönen Styl sich mit
dem vom Hauptpastor Götze weiland gegen Lessing gebrauchten Mittel
aus der Verlegenheit helfen. Sie mögen an ihm die gelehrte Langwei-
ligkeit vermissen. Das sieht ja Alles gar nicht förmlich systematisch aus,
das ist kein Ganzes, da ist keine Methode, das sind krause Aphorismen
ohne „wissenschaftliches" Gepräge, lauter Gedankenspähne! Aber ist
wohl in dem Kopfe irgend eines der so Urtheilenden jemals auch nur

---

¹) In sehr vortrefflichem Style ist dies auseinandergesetzt von Schopenhauer
Parerga I 154, womit man vergleiche W. a. W. I §. 47, Parerga II §. 283 u.
§. 285. Mit der in so eminentem Grade ihm eigenen Gabe lichtvoller und prä-
ziser Darstellung hat Helvetius es ausgesprochen: „Mais qu'est ce que le public
entend communément comme un ouvrage bien écrit? Un ouvrage forte-
ment pensé." „C'est à la clarté que se réduisent presque toutes les règles
du style." „Ou l'on regarde uniquement le style comme une manière plus
ou moins heureuse d'exprimer ses idées .... ou l'on donne à ce mot une
signification plus étendue et l'on confond ensemble et l'idée et l'expression
de l'idée. En ce sens l'art d'écrire est l'art d'éveiller dans le lecteur un
grand nombre de sensations et l'on ne manque de style que parce
qu'on manque d'idées."

der zwanzigste Theil heller Gedanken, eigner Gedanken aufgestiegen, wie in diesem seltenen Geiste?

Ein arges Malheur ist einem übrigens anerkennenswerthen Forscher, Herrn Professor Dr. O. Gruppe mit Schopenhauers Philosophie begegnet [1]). Er verurtheilt sie zu völliger Bedeutungslosigkeit und versucht, sie durch Angabe einzelner aus dem Zusammenhange gerissener Paradoxa lächerlich zu machen. Dabei haben sich aber die unglaublichsten Mißverständnisse eingeschlichen, z. B. soll Schopenhauer behaupten: „zufolge dieses unmittelbaren Verhaltens zum Körper als unserm Ansich hätten wir den Schlüssel zum Ansich der Dinge." Man kann sich fast der Vermuthung nicht erwehren, der Kritiker habe nur wenig von Schopenhauer gelesen und berichte theilweise nach einem Zeitungsreferat; sonst würde er u. A. wohl nicht vom Ausgange „den Rückschluß" machen, „wie leer diese Philosophie sein müsse an Erkenntniß." Sein Endurtheil lautet übrigens: „Dieser Buddhaismus spielt eine schlechte Rolle unter den philosophischen Systemen des neunzehnten Jahrhunderts." Nun, unter diesen befindet man sich doch wahrlich nicht in feiner Gesellschaft.

Als Curiosa seien aus dem widerwärtig affektirten und schnurrig verdrehten Geschreibsel solcher Journalisten, die mitunter in einem Philosophenmantel einherstolziren, durch dessen Löcher überall ihre Blöße guckt, zwei grandiose Proben erwähnt, wie diese Herren mit Schopenhauer umgehen: eine Auffassung des Schopenhauer'schen Seinsgrundes als „des Verhältnißgrundes, der in den Verhältnissen der Wechselwirkung erscheint"!! und eine Rezension in Fichtes Zeitschrift für Philosophie und spekulative Theologie 1860, die Schopenhauer als den letzten Pantheisten schildert, in dem der Pantheismus seinen Gipfel erreicht habe und dadurch zu seiner Selbstaufhebung gelangt sei.

Wer noch nicht mit Schopenhauers Philosophie vertraut ist und sich einen ungefähren Ueberblick derselben verschaffen will, dem seien Weigelts „populäre Vorträge" (1855) empfohlen: sie geben ein kurzes, fast ganz objectiv gehaltenes Referat. Ausführliche sogenannte Darstellung seiner Lehre halte ich für ein unfruchtbares Unternehmen, und soll diese Schrift keineswegs für einen erschöpfenden Extract aus Schopenhauers Werken gelten, vielmehr rathe ich, diese selbst recht fleißig zu lesen. Schopenhauer hat seine Gedanken so gut ausgedrückt, daß ein Darsteller entweder geradezu abschreiben oder schlechtere Ausdrücke suchen und verwäs-

---

[1]) Gegenwart und Zukunft der Philosophie in Deutschland, 1855.

fern müßte. Im Folgenden findet der Leser also nicht die vollständige Summa der Schopenhauer'schen Lehre enthalten, aber dafür bürge ich ihm, daß er nichts Hineininterpretirtes, keine Vermengung mit Fichte oder Schelling oder gar Hegel darin antreffen wird, sondern nur reine Lehre, urkundlich durch Citate belegt. Wenn die Genauigkeit sich dabei auf sehr subtile und minutiöse Details erstreckt, die vielleicht Manchem geringfügig und solcher Mühe unwürdig erscheinen mögen, so bedenke man, daß es sich hier um die Schöpfungen eines der gewaltigsten Denker aller Zeiten handelt.

Ich habe viele seiner Behauptungen entschieden bestritten; möge man als ein Zeichen meiner ungeachtet solcher Gegnerschaft dem edlen Todten gewidmeten Verehrung nachstehendes Akrostichon in dem Sinne aufnehmen, in dem es gedacht und empfunden wurde.

Per ardua ad astra.

Aus Lebens Mühsal und aus Irrthums Nacht
Ringt selten sich ein Mensch empor zum Lichte.
Trug schlauer Heuchler herrscht; die Weltgeschichte —
Hier ist sie wüster Traum, dort tolle Jagd.

Umsonst erscholl Dein ernstes Wort: E.wacht!
Regierten doch trotz Deinem Strafgerichte
Scheinphilosophen, arme, kleine Wichte
Orakelnd fort — Weh' dem, der ihrer lacht!

Profanes Wortvolk stand in Gunst und Ruhme —
Ein Sonderling warst Du den Zeitgenossen,
Nur todten Denkern Freund und geistverwandt.

Heroisch zu der Wahrheit Heiligthume
Auf steilem Pfad — vom Leben abgeschlossen —
Erquickte göttlich Dich, was Du erkannt.

Vorläufige Angabe des Inhalts der antimetaphysischen Untersuchungen:

Ueber die Causalität, über die Freiheit, über die Materie, Kritik der Metaphysik Herbarts, Kritik des transscendentalen Idealismus, der Wille, Schopenhauers Aesthetik, Kritik der Teleologie, Ethik, Pessimismus, Resultat und Epilog.

Wenn ein Reisender, den die Sehnsucht ergreift, von hohen Bergen weit über Länder und Ströme hinzuschauen, der aber die Mühseligkeiten des Emporklimmens nicht zu ertragen vermag, den Alpenführer deshalb schelten wollte, so würde dieser ihm antworten: Mein Herr, ich thue meine Pflicht, ich zeige Ihnen den Weg; daß Sie nicht klettern können, ist nicht meine Schuld; Sie hinaufzuzaubern steht nicht in meiner Macht. — Wenn ein ungestümer Knabe die Schlangenwindungen des Gebirgspfades für einen zu großen Umweg ansieht und schneller den Gipfel zu erreichen sucht, indem er geradezu in die Höhe steigt, so kann er leicht jählings hinunterstürzen. — Die antimetaphysischen Untersuchungen führen den Leser langsam auf einem oft beschwerlichen und Geduld erfordernden Wege vorwärts; sie führen nicht sogleich durch blumige Gelände, sie gewähren nicht sogleich großartige Aussichten, bald muß der Wanderer ein Gebüsch durchdringen, bald sieht er sich von schroffen Felsenwänden eingeschlossen. Wozu? Giebt es denn keine bequemeren Wege in der Philosophie? O ja! Nur ist es zweifelhaft, ob man auf ihnen sicher zu einem schönen Ziele gelange. Freilich nimmt es sich prächtiger aus, wenn ein Kritiker stets von erhabenem Standpunkte, gleichsam aus der Vogelperspektive, ganze Erdtheile betrachtet, wenn er stets de rebus omnibus et quibusdam aliis geistreich herüber und hinüber redet, als wenn einzelne Untersuchungen bestimmte Zwecke verfolgen und sich streng an ihren Gegenstand halten, ohne daß der Leser sofort erfährt, wie sie sich zu einem Ganzen vereinigen, welche Weltanschauung daraus erwächst. Doch mit jener pikanten Feuilletonkritik hat es meistens eine ähnliche Bewandtniß, wie mit einer gewissen Art moralischer Rhetorik, über die Kant einmal äußerte, man nenne sie zwar erbaulich, Niemand wisse aber zu sagen, was denn nun dadurch in ihm auferbaut worden sei. — Für die gewählte Reihenfolge ist die Absicht maßgebend gewesen, zuerst das Einfachere und Leichtere auseinanderzusetzen und einige feste Grundbegriffe zu gewinnen, dann, so vorbereitet, zum Verständniß des Complizirteren und Schwereren allmählich fortzuschreiten. Darum sind die interessanteren Aufgaben den letzten Abschnitten zugefallen. Die ersten Untersuchungen beziehen sich auf Schopenhauers „Welt als Vorstellung unterworfen dem Satze vom Grunde", welches Buch er selbst in seinem Hauptwerke an die Spitze gestellt hat, die nachfolgenden auf „die Welt als Wille" und „das Object der Kunst."

Untersuchung

über

die Causalität.

„ΛΥΚ. Ἐγώ σοι φράσω, τὸ τοῦ
„Θησέως ἐκεῖνο μιμησόμεθα · καὶ τι
„λίνον παρὰ τῆς τραγικῆς Ἀριάδνης
„λαβόντες εἴσιμεν ἐς τὸν λαβύρινθον
„ἕκαστον, ὡς ἔχειν ἀπραγμόνως μη-
„ρυόμενοι αὐτὸ ἐξεῖναι. ΕΡΜ. Τίς ἂν
„οὖν ἡμῖν Ἀριάδνη γένοιτ' ἂν, ἢ πόθεν
„τοῦ λίνου εὐπορήσομεν; ΛΥΚ. Θάῤῥει,
„ὦ ἑταῖρε, δοκῶ γάρ μοι εὑρηκέναι,
„οὗτινος ἐχόμενοι ἐξέλθοιμεν ἄν. ΕΡΜ.
„Τί οὖν τοῦτό ἐστιν; ΛΥΚ. Οὐκ ἐμὸν
„ἐρῶ, ἀλλά τινος τῶν σοφῶν, τὸ νῆφε
„καὶ μέμνησο ἀπιστεῖν.“

Lucian. de sectis.

Hume.

Humes inquiry concerning human understanding gehört zu den Büchern, welche häufig erwähnt und selten gelesen werden. Man rühmt wohl den kühnen Mann, der sich gegen das Causalgesetz aufzulehnen gewagt, aber man läßt seine Argumente auf sich beruhen und sieht den steptischen Angriff für wenig mehr an, als für eine Curiosität, einen geistreichen Scherz; oder man nennt den unsterblichen Denker gar „einen Witzling, der die ernsthaftesten Fragen im Conversationstone abzumachen gedenke und es nicht verdient habe, daß Kant auf ihn höre." In gefälligem Conversationstone philosophische Gedanken vorzutragen, wäre also ein sicheres Zeichen von Oberflächlichkeit? Was schwer verständlich ist, das muß auch etwas tief Gründliches sein, was sich leicht liest, das schreibt sich auch leicht! So urtheilt der gelehrte Philister.

Unsere Philosophen würden viele Irrwege vermieden haben, wenn sie Humes meisterhafte Kritik der Causalitätsbegriffe einmal vorurtheilsfrei erwogen hätten. Auch Schopenhauer ist zu flüchtig darüber hinweggeeilt. Darf man das Werk eines so glänzenden Scharfsinns als antiquirt betrachten, ehe eine befriedigende Antwort auf Humes Frage gefunden ist? Das ist noch nicht geschehen, und man hat sich, indem man den von Hume eingeschlagenen Pfad verließ, mit jedem Schritte von der Wahrheit weiter entfernt. Allerdings bedarf seine Analyse einer Ergänzung, doch Niemand weder vor, noch nach ihm ist der richtigen Einsicht so nahe gekommen, Niemand hat das Problem so scharf und deutlich ins Auge gefaßt.

3

Das Wichtigste von Humes Theorie sprechen folgende Sätze aus, bei deren Zusammenstellung in der gewählten Ordnung die Absicht maßgebend war, eine bequeme Uebersicht der consequenten Entwickelung zu liefern:

„Wären wir, so meint man, urplötzlich auf diese Welt gesetzt worden, wir hätten sogleich erkannt, daß eine Billardkugel einer andern durch den Stoß Bewegung mittheilen werde, ohne daß es nöthig gewesen wäre, den Erfolg zu erwarten, um über diese Wirkung mit Gewißheit zu entscheiden!"

„Jede Wirkung ist ein von seiner Ursache verschiedenes Ereigniß. Daher kann sie nicht in der Ursache entdeckt werden, und ihre erste Erfindung oder der erste Begriff, den man sich a priori von ihr bildet, muß ganz willkürlich sein."

„Unsre Kenntniß von der Verknüpfung zwischen Ursache und Wirkung stammt lediglich aus der Erfahrung her."

„So wie die Natur in allen Stücken eine Art von Gerechtigkeit und Vergütung beobachtet hat, so hat sie auch die Philosophen eben so wenig, wie die übrigen Geschöpfe, vernachlässigt, sondern hat ihnen bei all ihrem Mißgeschick und bei aller ihrer Betrübniß einen Trost aufbehalten. Dieser Trost besteht vorzüglich in ihrer Erfindung der Worte: Vermögen und verborgene Eigenschaft (qualitas occulta) ..... Hierdurch schaffen sich nun diese Philosophen Ruhe und gelangen zuletzt durch eine Illusion zu eben der Gleichgültigkeit, die der Pöbel durch seine Dummheit und der echte Philosoph durch seinen bescheidenen Skeptizismus erreicht. Sobald sie ein Phänomen in Verwirrung setzt, dürfen sie nur sagen, es komme von einem Vermögen oder von einer verborgenen Eigenschaft her, und aller Streit und alle Untersuchung über das Ding hat sofort ein Ende[1])."

---

[1]) Treatise upon human nature 1. Bd. 4. Th. III. In dieser Polemik ist Hume der Nachfolger Locke's. Schon Locke sah ein, daß „Kräfte" und „Vermögen" gewöhnlich bloße Worte sind, hinter denen sich Gedankenlosigkeit verbirgt, und es ist eins seiner Hauptverdienste, daß er dies Unwesen an der Wurzel faßte. Vorzüglich zeigte er klar, wie schädlich es ist, solche Begriffe zu hypostasiren. „Darin hat man gefehlt", sagt Locke, „daß man von den Kräften so geredet und sie sich so vorgestellt hat, als wären sie so viele besondere thätige Wesen."

„Wenn wir auf äußere Gegenstände vor uns blicken, so können wir in keinem Falle eine Kraft oder nothwendige Verknüpfung, d. h. eine Eigenschaft entdecken, welche die Wirkung an die Ursache bände."

„Man kann nicht leugnen, daß die animale Anstrengung, welche wir wahrnehmen, wenn sie auch keinen genauen, präzisen Begriff der Kraft giebt, dennoch sehr viel zu dem gewöhnlichen ungenauen Begriffe derselben beiträgt."

„Wir lernen den Einfluß unsres **Willens** bloß durch die **Erfahrung** kennen."

„Der Begriff der Kraft ist keinem **innern Gefühl** oder Bewußtsein derselben, wenn wir animalische Bewegungen hervorbringen oder die Glieder zu ihren eigenthümlichen Verrichtungen anwenden, nachgebildet. Daß ihre Bewegung auf den Befehl des Willens erfolgt, das ist der Inhalt der gemeinen Erfahrung, wie bei andern natürlichen Erfolgen. Aber die Kraft oder Energie, wodurch das bewirkt wird, ist ebenso, wie bei andern natürlichen Begebenheiten, unbekannt und unbegreiflich."

„Wir sind weit entfernt, uns dieser Energie im Willen bewußt zu sein; es ist vielmehr eine so sichere Erfahrung, als wir sie wirklich besitzen, erforderlich, um uns zu überzeugen, daß so außerordentliche Wirkungen aus einem einfachen Willensakt entspringen."

„Wenn man eine Ursache definirt als das, was etwas **hervorbringt**, so ist leicht zu bemerken, das hervorbringen eben so viel, wie verursachen, bedeutet (producing is synonymous to causing). In ähnlicher Weise setzt man sich demselben Einwurfe aus, wenn man eine Ursache als das definirt, **wodurch** etwas existirt. Denn was heißt: wodurch? Hätte man gesagt: die Ursache ist dasjenige, nach dem etwas

---

„Alle Kraft ist eine Beziehung und kein thätiges Wesen." Auch die Seelenvermögen trifft sein Spott, z. B.: „Wir können in ebenso eigentlichem Verstande sagen: die singende Kraft singt und die tanzende Kraft tanzt, als: der Wille erwählt und der Verstand begreift, oder, wie man sich insgemein auszudrücken pflegt: der Wille regiert den Verstand, und der Verstand gehorcht dem Willen oder gehorcht ihm nicht."

3*

beständig existirt[1]), so würden wir die Ausbrücke verstanden haben. Denn das ist in der That Alles, was wir von der Sache wissen, und diese Beständigkeit macht das eigentliche Wesen der Nothwendigkeit aus; wir haben keine andere Vorstellung davon."

„Wenn alle Scenen der Natur immer insoweit sich änderten, daß unter zwei Begebenheiten nicht die geringste Aehnlichkeit stattfände, sondern jeder Gegenstand völlig neu und ganz verschieden von dem wäre, was sonst gesehen worden, so würden wir ganz und gar keinen Begriff von Nothwendigkeit oder Verknüpfung unter diesen Gegenständen haben erlangen können.

„Würde uns eine Wirkung gegeben, die in ihrer Art einzig wäre und unter keine bekannte Gattung gebracht werden könnte, so sehe ich nicht, wie man in Betreff ihrer Ursache nur eine Muthmaßung zu Stande bringen will."

„So scheint es denn, als ob dieser Begriff einer nothwendigen Verknüpfung unter den Begebenheiten durch eine Anzahl ähnlicher Wahrnehmungen von der beharrlichen Verbindung derselben entstehe."

„Er beruht allein auf dem Unterschiede zwischen Einem Falle, von welchem wir den Begriff der Verknüpfung nicht erhalten können und zwischen einer Vielheit von ähnlichen Fällen, wodurch er gegeben wird."

„Aehnliche Objekte sind immer mit ähnlichen verbunden; das erfahren wir. Dieser Erfahrung gemäß können wir demnach eine Ursache definiren als ein Objekt, dem ein anderes in der Weise folgt, daß allen dem ersten ähnlichen Objekten dem zweiten ähnliche folgen."

„Folgende zwei Sätze besagen durchaus nicht dasselbe: „ich habe gefunden, daß dieser Gegenstand immer von dieser Wirkung begleitet war",

---

[1] „That after which any thing constantly exists." Tennemann schiebt Kantische Meinungen unter, indem er übersetzt: „nach einer beständigen Regel" und constancy durch „Regelmäßigkeit" erläutert. Das liegt nicht in den Worten und widerspricht dem Gedanken. Hume würde vielmehr fragen: Was ist eine Regel? und einen circulus in definiendo merken.

und: „ich sehe vorher, daß andere Gegenstände, die dem Anscheine nach
diesem ähnlich sind, von ähnlichen Wirkungen begleitet sein werden". . . .
Ich weiß, daß man in der That immer so schließt. Wenn man aber
behauptet, die Folgerung sei vermittelst einer Schlußkette gemacht, so
wünsche ich, daß man diesen Schluß vorbringe. Anschaulich ist die Verknüpfung zwischen diesen Sätzen nicht. Ein Mittelbegriff ist erforderlich,
um die Vernunft zu solchem Schlusse zu befähigen, wenn er in der That
durch Raisonnement und Argumente zu Stande gebracht ist. Ich muß
gestehen: was das für ein Mittelbegriff sei, übersteigt meine Fassungskraft, und denen, welche behaupten, es gebe solchen wirklich, und er sei
die Quelle aller unserer Schlüsse, die sich auf Thatsachen beziehen, liegt
es ob, ihn an das Licht zu bringen."

„Eigentlich ist die Nothwendigkeit einer Handlung, mag solche
von der Materie oder vom Geiste ausgehn, keine Qualität in dem Handelnden, sondern in irgend einem denkenden Wesen, welches die Handlung
betrachtet."

„Es muß ein anderes Prinzip vorhanden sein, welches uns bestimmt,
solche Schlüsse zu ziehen. Dies Prinzip ist Gewohnheit oder Fertig-
keit (custom or habit). Denn so oft die Wiederholung einer besonderen Handlung oder Handlungsweise eine Geneigtheit hervorbringt,
das Nämliche zu wiederholen, ohne daß ein Schluß oder Denkprozeß dazu
antreibt, so sagen wir stets, diese Neigung sei eine Wirkung der Gewohnheit [1])."

„Die Gewohnheit ist die große Führerin des menschlichen Lebens."

„Wenn ich ein Stück trockenes Holz ins Feuer werfe, so fühle ich
mich sogleich zu der Annahme bestimmt, daß es, anstatt die Flamme aus-
zulöschen, sie vielmehr verstärken werde. Dieser Uebergang des Gedan-
kens von der Ursache zur Wirkung entspringt nicht aus einem Schlusse,
sondern aus Erfahrung und Gewohnheit."

---

[1]) Vgl. inquiry conc. hum. und. section V. pag. 45 ff. der Baseler Ausg.
1793.

„Hier ist also eine Art von vorherbestimmter Harmonie zwischen dem Laufe der Natur und der Folge unsrer Vorstellungen[1])."

„Es stimmt mit der gewöhnlichen Weisheit der Natur besser überein, einen so nothwendigen Akt des Geistes durch einen Instinkt oder Mechanismus zu sichern, der in seinem Wirken untrüglich ist (?), sich bei dem ersten Erscheinen des Lebens und der Gedanken zeigt und von allen mühsamen Deduktionen des Verstandes unabhängig ist."

„Die Folgerungen des Thieres können unmöglich auf einem Prozeß des Beweisens oder Schließens beruhen, mittelst dessen es folgern sollte, daß ähnlichen Objekten ähnliche Begebenheiten folgen und daß der Lauf der Natur immer regelmäßig ist .... Thiere werden also bei diesen Folgerungen nicht durch Vernunft geleitet; auch Kinder nicht, also auch der größte Theil der Menschen nicht bei ihren gewöhnlichen Handlungen und Schlüssen; auch die Philosophen selbst nicht, die in Betreff ihres thätigen Lebens sich wesentlich in demselben Falle befinden, wie der gemeine Mann, und von denselben Maximen regiert werden[2])."

„Eine Ursache ist ein Objekt, dem ein anderes folgt, und dessen Erscheinung immer den Gedanken an jenes andere herbeiführt."

„Wenn viele gleichartige Fälle vorkommen, und dasselbe Objekt immer denselben Erfolg nach sich zieht, fangen wir an, den Begriff der Ursache und der Verknüpfung zu bilden. Wir fühlen dann eine neue Empfindung oder Impression, nämlich eine gewöhnliche Verknüpfung im Denken oder in der Einbildung zwischen einem Objekt und seiner gewöhnlichen Folge, und dies Gefühl ist das Original der Vorstellung, die wir suchen." (?)

Wenn Hume menschliche Gedanken kritisch zu zergliedern unternahm, ging er allemal mit dem fruchtbaren Grundsatz an's Werk: „Ein wirklich realer Begriff muß stets aus irgend einer Impression entstanden sein." Was ist anschaulich gegeben? fragte er sich; Begriffe, die sich nicht als der Anschauung entsprechend legitimirten, erklärte er genetisch, er suchte

[1]) Vgl. pag. 58 inq.
[2]) Vgl. inquiry sect. IX. pag. 117.

ihren Ursprung in irgend einer Ideenassociation. Mit außerordentlicher
Feinheit leitete er so die Begriffe der Identität, der Substanz und
der Causalität her, aber mit seiner darin bewiesenen Stärke hing eine
Schwäche eng zusammen: Hume begnügte sich leicht mit der psychologischen Analyse, ohne weiter genau zu prüfen, wie weit den Ideenassociationen wirkliche Vorgänge parallel laufen möchten, wie viel an den so
gewonnenen Begriffen doch etwa nicht bloße Einbildung sein möchte, sondern festzuhaltende Realität. Er unterließ es, aus den mannigfachen Produkten des Denkens, wie es ist, das wissenschaftlich Gültige rein auszu-
scheiden und zu bestimmen, was man denken soll. Wie die Identität
und die Substantialität, so löste sich auch die Causalität unter seinen
Händen vollständig auf, es blieb kein Kern übrig. Die Causalität aber
hat einen solchen Kern an dem Begriffe der strengen Nothwendigkeit, und
Humes Fehler bestand darin, daß er diesen nicht sah. Daß er Unrecht
hatte, diesen Begriff ganz zu zerstören, hielt Kant und mit ihm die Mehrzahl für ohne Weiteres ausgemacht; wußten sie auch, weshalb? und fanden sie das Wort des Räthsels?

Wäre es Kanten eingefallen, er hätte Deutschland nie mit einem
System des transscendentalen Idealismus beschenkt.

Kant.

Kant wurde durch Humes Zweifel nicht wenig in seiner Gemüths-
ruhe gestört; er selbst erzählt, diese „Erinnerung" habe ihm „zuerst den
dogmatischen Schlummer unterbrochen[1]." Er sah sich nach einem
Rettungsanker um, und im ganzen weiten Felde der Erfahrung
wollte sich keiner erblicken lassen. Wohin sich wenden? Lange mag der

---

[1] Prolegomena 9 ff. In meiner Kritik des transsc. Idealismus wird der Leser eine genaue Analyse dieser Lehre und der Motive finden, derentwegen sie entstanden und von Vielen acceptirt worden ist. Hier ist historische Vollständigkeit nicht
bezweckt; überhaupt wird Bekanntes entweder gar nicht oder, wenn es nicht zu umgehen ist, möglichst kurz gesagt werden; nur muß man nicht glauben, daß man Alles,
wovon man schon gehört hat, darum auch schon wirklich kenne.

wahrheitsliebende Forscher darüber hin und her gesonnen haben, bis ihn endlich die philosophische Cardinaltugend, die Sanftmuth verließ. Professor Immanuel Kant war dem Alexander von Macedonien sonst nicht eben ähnlich, hier aber verfuhr er nach dem Beispiele jenes Helden; er vermochte den gordischen Knoten nicht geduldig zu entwirren, er entschloß sich kurz und zerhieb ihn mit dem Schwerte. Wollen die Weltweisen mir verzeihen, wenn ich verrathe, was Kant mit der Causalität eigentlich machte? Er gab dem Dinge einen Namen und ließ es laufen.

So oft Kant es mit Begriffen zu thun hatte, deren Urbilder er im anschaulich Gegebenen nicht wiederzuerkennen verstand, Theils weil die Menge und Fülle des Empirischen als ein buntes Chaos erschien, Theils weil diese Abstractionen selbst in Folge mannigfacher Metamorphosen entstellte und ihrer heimischen Nachbarschaft entfremdete Kinder der großen Mutter Erfahrung waren: so bestand seine Methode darin, daß er solchen verlaufenen Vagabunden als schützendes Asyl den Tempel der wunderthätigen Fee Apriori zur Herberge anwies. Diesem Heiligthume wagten die Uneingeweihten stets nur mit frommer Scheu zu nahen; was sich dahin geflüchtet hatte, war vor Paß- und Kirchenvisitatoren sicher. Dort thronen in mystischem Dunkel, noch von keinem sterblichen Auge gesehen, die zwölf Stammbegriffe des reinen Verstandes, die uns Menschen und Säugethiere von der Wiege bis zum Grabe geleiten und die geheime Ursache sind, warum wir bekanntlich immer so durchaus verständig denken, lesen, reden und handeln. Vor ihnen liegt eine Schulgrammatik aufgeschlagen und eine große Tafel mit den vier Titeln: Quantität, Qualität, Relation, Modalität. Darauf stehen ihre Namen, der eine heißt Limitation, ein anderer Wechselwirkung, gar zauberduftige Worte! Und unter ihnen sitzt auch die Verlorene, die wir suchen, die Causalität, behaglich in der Kategorienloge, in vornehmer Gesellschaft neben dem erhabenen Moloch Imperativus Absolutus, von dem man mit Grausen erzählt, sein Bauch sei inwendig hohl, harmlose Kinder, selbst Doktoren der Philosophie würden darin verbrannt, und neben anderen unumschränkten Souverainen. Ein Neugieriger, der einmal durch eine Mauerspalte hineingesehen, ist starr vor Entsetzen zurückgestürzt; alle diese Personen, deren Vermögen und Kräfte für so unermeßlich gälten, seien ihm, berichtete er, so vorgekommen, wie Verstorbene, ja wie Leute, die niemals des Daseins freundliche Gewohnheit genossen hätten; sie hätten kein Glied gerührt, die Gesichter hätten einen versteinernd langweiligen Ausdruck getragen, und die dicken Perücken seien noch das einzige menschlich Beruhigende gewesen, indem sie ihn an den von Hogarth so anmuthig abconterfeiten seligen Professor Fisher in Oxford und sein Auditorium erinnert hätten. Der Boden aber habe von schrecklichen Ungeheuern gewimmelt, die seien an den Heiligen herumgekrochen, Fallacien, Subreptionen, Circuli, Hysteraprotera, und zuletzt sei plötzlich der böse Geist Petitio Prinzipii auf ihn losgefahren und habe ihn auf den Mund geküßt, und dabei sei ihm um ein Haar sein reiner Verstand nebst Raum und Zeit abhanden gekommen, denn er habe kaum noch die zum Erkennen a priori vorschriftsmäßig einzuathmende Luft schnappen können.

„Der Begriff der Ursache ist also ein reiner Verstandesbegriff, der von aller möglichen Wahrnehmung gänzlich unterschieden ist [1]).“ Mit diesem Machtspruch fertigte Kant leichtsinnig Humes schwere Bedenken ab. Wolf und Baumgarten hatten sich bemüht, den Satz vom zureichenden Grunde mit Hilfe des Satzes vom Widerspruch zu deduziren; Kant entschied, alle solche Versuche müßten mißlingen [2]), der Satz vom Grunde sei synthetisch und stünde a priori fest. Bewiesen hat er diese Behauptung nirgends [3]); man hat ihm das aber, wie so Manches, geglaubt,

___

[1]) Proleg. 61 vgl. 67. Die Kategorieen sind eine völlig willkürliche, nichts erklärende und sogar undenkbare Hypothese. Dies durchschaute Herbart. „Wenn nun“, sagt er, „die Anschauung für sich allein ganz unfähig ist, sich der zu ihr gehörigen Kategorien zu bemächtigen: wie kommen denn diese dazu, sich jener zu bemächtigen? Durch den Verstand? Also hat der Verstand die Realität früher, als das Reale, die Substantialität früher, als bestimmte Substanzen, die Causalität eher, als bestimmte Ursachen, die Wirklichkeit eher, als wirkliche Dinge.... Aber Realität, Substantialität, Wirklichkeit u. s. f. sind nichts, als abstrakte und, wie die Geschichte der Metaphysik bezeugt, sehr dunkle Begriffe, die, wenn sie zu den Anschauungen hinzukämen, ihnen den sehr schlechten Dienst leisten würden, sie zu verkustern und zu verwirren....“ Werke V 509 ff. Parobistisch stellt er den bekannten Beweisen für die Apriorität des Raumes und der Zeit vier correspondirende für die der Kategorieen gegenüber, wodurch der Unsinn ergötzlich zu Tage tritt. Vgl. auch II 247, III 254, IV 24, V 234.
[2]) Kr. d. r. V. (ed. Rosenkranz) 604. Proleg. 21.
[3]) Dies giebt auch Schopenhauer zu. Vgl. vierf. W. 80 ff.

ohne sich recht etwas Deutliches dabei zu denken. Seid aufrichtig, Freunde! War es etwa nicht so?

Die Stammbegriffe des reinen Verstandes spielen im transscendentalen Idealismus eine sehr wichtige Rolle. Sie und ihre Schemata ergreifen den ganz formlosen Stoff, den die Sinnesempfindung liefert, und fabriziren die anschauliche Welt. Wie sie das Gegebene unter sich theilen, darüber scheint kein Vertrag zwischen ihnen geschlossen zu sein; ihren Funktionen nach zu schließen, müssen sie oft mit einander in Streit gerathen. Zusammen enthalten sie den Inbegriff „aller empirischen Gesetze", die Kant gewöhnlich als vorräthig und zur Hand voraussetzt; die ganze Summe anzugeben, möchte ihm indeß nicht möglich gewesen sein — man überlege, wie unendlich viel jener Ausdruck in sich faßt! Hauptsächlich soll die Causalität Uebernatürliches leisten. Erst vermittelst des Causalgesetzes soll der Verstand die Objektivität der Succession, b. i. die zeitliche Ordnung der Weltgeschichte bestimmen!! Andrerseits räth Kant selbst freilich an, um zu wissen, welches die Ursache und welches die Wirkung sei, möge man zusehen, welches das Frühere und welches das Spätere sei; wie auch Jedermann thut.

Was ist denn nun aber nun diese Causalität? was ist das Causalgesetz? Wie lautet dieser synthetische Satz a priori? Ueber den Inhalt des mit solcher Machtvollkommenheit begabten Stammbegriffs wünscht man von Kant vergebens Auskunft zu erhalten, wie über den Inbegriff aller empirischen Gesetze, mit denen die Causalität ungefähr zusammenfließt. Ist die angeborene Kategorie eine Erkenntniß, ein Urtheil, ist sie wenigstens eine Vorstellung? Warf man Kant vor, er statuire angeborene Ideen, so zog er sich weislich zurück; damit mochte er sich nicht befassen, denen hatte Locke doch zu gründlich den Garaus gemacht, und auch Leibnitz hatte bei aller Herzensneigung zu ihnen doch nicht gewagt, sie unmaskirt wieder aufzutischen. Das war verpönt, der Fluch des Lächerlichen lastete darauf. Nun, wo in aller Welt steckt denn die Causalität, wenn sie weder in der Welt zu finden, noch eine Vorstellung in unserm Kopfe ist? Ist sie vielleicht ein Lust- oder Schmerzgefühl? Ist sie eine Begierde oder Antipathie? Leser, der du mit mir so zudringlich fragst, lerne die große und inhaltschwere Wahrheit begreifen: Man denkt

kale Affaire und läßt sich ein Hinterthürchen offen, um nachher sagen zu können, eigentlich sei auch dieses ja intellectual. Der alte Kant jedoch war ein enfant terrible der deutschen Philosophie, und es hat Mühe gekostet, seine vielen indiskreten Aeußerungen wieder in Vergessenheit zu bringen [1]).

Die Kritik der reinen Vernunft gleicht einem Januskopfe mit einem sehr vernünftigen Gesichte auf der einen und einer Don-Quixote-Physiognomie auf der andern Seite, weil der Autor zwei entgegengesetzte Dinge wollte: Zerstörung des Dogmatismus und eine neue Grundlegung der Metaphysik. Gegen die alte Metaphysik waren ihm „Anschauung", „Wahrnehmung", „Empfindung", „Sinnlichkeit" willkommene und werthe Bundesgenossen; der transscendentale Idealismus dagegen harmonirte nicht mit diesen Gästen. Darum zieht sich ein klaffender Widerspruch durch das ganze Buch — die Differenzen, welche Schopenhauer aufzählt, sind, hiermit verglichen, unerheblich. Derselbe Widerspruch macht sich natürlich auch in der Causalitätstheorie bemerklich, und Kant lehrt stellenweise das directe Gegentheil seiner oben entwickelten Ansicht. So sagt er, der Satz, daß alle Veränderung continuirlich sei, würde bewiesen werden können, „wenn nicht die Causalität überhaupt ganz außerhalb der Grenzen einer Transscendental-Philosophie läge und empirische Prinzipien voraussetzte. Denn daß eine Ursache möglich sei, welche den Zustand der Dinge verändere, d. i. sie zum Gegentheil eines gewissen gegebenen Zustandes bestimme, davon giebt uns der Verstand a priori gar keine Eröffnung, nicht bloß deßwegen, weil er die Möglichkeit davon gar nicht einsieht (denn diese Einsicht fehlt uns in mehreren Erkenntnissen a priori), sondern weil die Veränderung nur gewisse Bestimmungen der Erscheinung trifft, welche die Erfahrung allein lehren kann [2])." Mehr Nachgiebigkeit würde Hume kaum verlangen.

---

[1]) Z. B.: „Alle Erkenntniß von Dingen aus bloßem reinen Verstande oder reiner Vernunft ist nichts, als lauter Schein, und nur in der Erfahrung ist Wahrheit." Proleg. 154. „Empfindung ist dasjenige, was eine Wirklichkeit im Raume und in der Zeit bezeichnet." K. d. r V. 299. Eine Menge Belege wird man in meiner Kritik des transsc. Idealismus finden, wo ich vollständigen Aufschluß über diesen Punkt zu geben unternommen habe.

[2]) K. d. r. V. 148. Dem entspricht die Erörterung: „Veränderung ist Ver-

Weit merkwürdiger noch ist eine Auseinandersetzung in der Schrift vom Jahre 1766, „Träume eines Geistersehers": „Ist man aber endlich zu den Grundverhältnissen gelangt, so hat das Geschäft der Philosophie ein Ende, und: wie etwas könne eine Ursache sein oder eine Kraft haben, ist unmöglich jemals durch Vernunft einzusehen, sondern diese Verhältnisse müssen lediglich aus der Erfahrung genommen werden. Denn unsere Vernunftregel geht nur auf die Vergleichung nach der Identität und dem Widerspruche. So ferne aber Etwas eine Ursache ist, so wird durch Etwas etwas Anderes gesetzt, und es ist also kein Zusammenhang vermöge der Einstimmung anzutreffen ¹)." Da ist Kant auf richtigem Wege, und seine Worte sagen es unzweideutig; wie er denn überhaupt in manchen früheren Schriften energischer und klarer denkt, daher auch besser schreibt, als in der Kritik der reinen Vernunft. Wenigstens so viel läßt sich demnach mit Gewißheit annehmen, daß Kant bis zu seinem zweiundvierzigsten Lebensjahre noch keinen Causalbegriff a priori besaß. Hat derselbe sich vielleicht später bei ihm eingefunden oder hat er vielleicht zweiundvierzig Jahre lang sich verborgen in Kants Kopfe aufgehalten, ohne den Inhaber des Kopfes von seiner Anwesenheit in Kenntniß zu setzen?

Elf Kategorieen schleuderte Schopenhauer als wohlfeilen Ballast über Bord. Hätte er doch auch die zwölfte gestrichen — die Causalität!

Schopenhauer.

Wer, indem er zu philosophiren anfängt, schon glaubt, ein Wissender zu sein, der wird es niemals werden; fehlende Einsichten, die man

---

bindung contradictorisch einander entgegengesetzter Bestimmungen im Dasein eines und desselben Dinges. Wie es nun möglich ist, daß aus einem gegebenen Zustande ein ihm entgegengesetzter desselben Dinges folge, kann nicht allein seine Vernunft sich ohne Beispiel begreiflich, sondern nicht einmal ohne Anschauung verständlich machen, und diese Anschauung ist die der Bewegung eines Punktes im Raume." K. d. r. V. 778 ff.

¹) Vgl. Werke VII 102.

zu besitzen wähnt, unterläßt man zu erwerben. Darum wirkt eine scheinbar befriedigende Lösung schwieriger Aufgaben unheilvoll; sie unterdrückt
den Geist der Untersuchung. Solchen hemmenden Einfluß hat Kants,
von außen betrachtet, so imposantes, überall festen Abschluß verkündendes
System des Idealismus in mannigfacher Weise auf seine Schüler geübt.
Da fanden sie jeden Begriff in einem aparten, einladenden, wohnlichen
Stübchen, dessen Fenster aber vergittert waren, und sie brachten für die
bequemere Häuslichkeit den freien Blick auf's offene Feld zum Opfer. —
Man darf Schopenhauer nicht beschuldigen, er habe auf bloßen Credit
das Lehrgebäude seines Vorgängers hingenommen: er befolgte fast immer
den Spruch: „Was du ererbt von deinen Vätern hast, erwirb es, um es
zu besitzen!" Sehr viele Schnörkel der architektonischen Anlage mißfielen
ihm und wurden beseitigt, auch die inneren Säle wurden restaurirt, das
Labyrinth verwandelte sich in ein prächtiges Schloß großartigen Styls.
Aber das alte morsche Balkengerüst war stehen geblieben, wie der
Gründer es hinterlassen hatte; ja in einigen Theilen trat die Baufällig-
keit nun erst schreiend zu Tage — besonders in der Causaltheorie. Bei
Kant ruhte die Erfahrung auf Raum und Zeit nebst zwölf Säulen; bei
Schopenhauer ist statt letzterer die Causalität allein der Atlas, welcher
den Himmel mit Sonne, Mond und Sternen auf seinen Schultern trägt;
denn die Summe aller anschaulichen Objecte innerhalb des Raumes und
der Zeit wird für bloßes Produkt einer Gehirnfunction erklärt, und diese
Gehirnfunction ist die a priori vorhandene und gleich der des Raumes und der Zeit rein subjektive Causalitäts-Erkenntniß, welche aus der
„dumpfen, nichtssagenden Empfindung" „mit Einem Schlage" die ganze
Körperwelt erschafft. Der Last wird also die Stütze angemessen sein??

Zuerst müssen wir fragen: was ist dasjenige, um dessen angeborene
Erkenntniß es sich handelt? Ist es ein Einfaches oder mehrerlei? Auf
diese Frage giebt Schopenhauer eine bestimmte, unzweideutige Antwort,
die wir genau vernehmen und bei allem Folgenden im Sinne behalten wollen. Er definirt: „Die erste Klasse der möglichen Gegenstände unsres Vorstellungsvermögens ist die der anschaulichen, vollständigen, empirischen Vorstellungen [1]." „In der nunmehr dargestellten Klasse

---

[1] Wurzel 27.

ber Objekte für das Subjekt tritt der Satz vom zureichenden Grunde auf als Gesetz der Causalität, und ich nenne ihn als solches den Satz vom zureichenden Grunde des Werdens, principium rationis sufficientis fiendi." „Er ist folgender: Wenn ein neuer Zustand eines oder mehrerer realer Objekte eintritt, so muß ihm ein anderer vorhergegangen sein, auf welchen der neue regelmäßig, d. h. allemal, so oft der erstere da ist, erfolgt ¹)." „Jede Veränderung in der materiellen Welt kann nur eintreten, sofern eine andere ihr unmittelbar vorhergegangen ist, das ist der wahre und ganze Inhalt des Gesetzes der Causalität ²)."

Also betrifft das Causalgesetz nur das zeitliche Verhältniß der Zustände anschaulicher Objekte zu einander, und es sagt darüber nicht viel. Hume würde diesen Satz unbedenklich einräumen, aber auch lächelnd hinzufügen, daran zu zweifeln, sei ihm nie eingefallen, und dadurch werde seine Theorie nicht umgestoßen. Aus so dünner Wurzel wäre nimmermehr der Baum erwachsen, der mit aller anschaulichen Erkenntniß

---

¹) Wurzel 33. Schopenhauer macht pag. 32 die Anmerkung: „Wenn ich im Fortgange der Abhandlung mich, der Kürze und leichteren Faßlichkeit halber, des Ausdrucks reale Objekte bedienen werde, ist darunter nichts Anderes zu verstehn, als eben die anschaulichen, zum Komplex der an sich selbst stets ideal bleibenden empirischen Realität verknüpften Vorstellungen." Man übersetze demnach den Text in die Sprache des Idealismus! Als strenge Consequenz ergiebt sich, daß der Causalnexus stets mit des Menschen persönlichem aktuellen Anschauen gleichen Schritt halten müßte; die Causalität wäre nichts, als die regelmäßige Succession unsrer Vorstellungen; die Ursache später, als die Wirkung zu erkennen, wäre schlechterdings unmöglich; Jeder hätte zudem seine eigene Causalität. Man durchdenke dies scharf und suche damit Schopenhauers Erklärung (Wurzel 143) in Einklang zu bringen: „Nicht ein Ding ist Ursache des andern, sondern ein Zustand Ursache des andern." Also Zustände, — es fragt sich, wessen? (Die Dinge auszuschließen von der Causalität, dagegen erhebt die Erfahrung Einspruch: täglich entstehen und verschwinden Dinge, mag ihr Stoff auch unvergänglich sein. Für Dinge aber hat der Idealismus keinen Platz, höchstens nur für „Dinge an sich.") Wenn man sich alle mit einer gewissenhaften realistischen Denkweise verbundenen Bedrängnisse vergegenwärtigt, so wird man mindestens wahrscheinlich finden, daß Schopenhauer sein Causalgesetz nicht bloß „der Kürze und leichteren Faßlichkeit halber" realistisch ausgedrückt, sondern auch realistisch gedacht habe.

²) W. a. W II 48. Hoffentlich wird es uns gelingen, hinsichtlich der Causalität noch etwas mehr gesetzlich festzustellen; Schopenhauers Formel ist nicht ganz erschöpfend; aber sie trägt wenigstens nichts Falsches hinein, weshalb hier keine Veranlassung ist, sie zu ändern.

des Menschengeschlechts als seinen Zweigen, Blättern, Blüthen und Früchten prangt; sie wäre auch nimmermehr die Wurzel alles Uebels geworden, welches in Schopenhauers Park aus verwilderten Causalbegriffen zu einer solchen Höhe emporgewuchert ist, daß die Scheere des Gärtners mächtige Stauden wegzuschneiden hat.

Schopenhauer warnt ferner ausdrücklich vor dem Mißbrauch, die Causalität mit fremdem Reichthum auszustatten: „So einfach demnach das Gesetz der Causalität ist, so finden wir in den philosophischen Lehrbüchern, von den ältesten Zeiten an bis auf die neuesten, in der Regel es ganz anders ausgedrückt, nämlich abstrakter, mithin weiter und unbestimmter gefaßt. Da heißt es denn etwan, Ursache sei, wodurch ein Anderes zum Dasein gelangt, oder was ein Anderes hervorbringt und wirklich macht u. dgl.; wie denn schon Wolf sagt: „causa est principium, a quo existentia sive actualitas entis alterius dependet[1]).“ „Kein Begriff ist in der Philosophie mehr genißbraucht worden, als der der Ursache mittelst des so beliebten Kunstgriffs oder Mißgriffs, ihn durch das Denken in abstracto zu weit zu fassen, zu allgemein zu nehmen. Seit der Scholastik, ja eigentlich seit Plato und Aristoteles, ist die Philosophie großentheils ein fortgesetzter Mißbrauch allgemeiner Begriffe[2]).“ Vortrefflich! Dennoch hat er selbst die gerügten Fehler häufig begangen, und seine ganze Causaltheorie ist nur daraus zu erklären, daß er dem nach eignem Geständniß an Inhalt armen und im Umfange begrenzten Begriffe eine ihm nicht zukommende Fülle und ein über seine Schranken hinaus sich erstreckendes Gebiet der Anwendung gewährte. Nicht selten ist Jemand zwar dann, wenn er eine seiner Vorstellungen mit angespannter Aufmerksamkeit genau untersuchte, zu einem klaren und deutlichen Begriffe gelangt, verliert denselben aber immer wieder aus dem Gedächtniß, sobald er jenes Einzelne nicht mehr ausschließlich, sondern bei andern Dingen gelegentlich in concreto mitdenkt. Die gewohnten Ideenassociationen führen jedes Mal wieder die dunkle Vorstellung herbei, die man vor der Analyse hatte; das bessere Neue hat sich in dem alten Gedankenkreise noch nicht eingebürgert, es ist noch nicht genug apper-

---

[1]) Wurzel 35.   [2]) W. a. W. II 40.

zipirt; zähe Complexionen widerstreben, und es bedarf eines wachsamen Kampfes, um ihm die Herrschaft zu sichern. Man kann den Duc de la Rochefoucauld und Balthazar Gracian sehr wohl verstehen, ohne weltklug zu handeln; man kann sich vollkommen überzeugt haben, daß die Hölle etwas Schlimmes, dagegen der Himmel etwas Erfreuliches ist, letzteren entschieden vorziehen und die löblichsten Vorsätze fassen, ohne tugendhaft zu leben. Naturam expellas furca ... Ein lange gehegter Irrthum gleicht dem Riesen Antäus, den seine Mutter Erde stärkt. Um ihn ganz zu entkräften, genügt es nicht, daß man ihn einmal zurückwirft und eine richtigere Definition aufstellt; dazu gehört vor Allem eine größere Fähigkeit, seinen eignen Gedanken beständig zu mißtrauen und jeden Augenblick zu ihrer Verwerfung bereit zu sein, als sie irgend ein zu metaphysischen Dogmen geneigter Denker besitzt. — Andern gegenüber berief Schopenhauer sich freilich auf obigen durch Kritik gewonnenen Causalbegriff, aber gegen sich selbst verfuhr er minder scrupulös. Schon in den „Corollarien", die sich aus seinem Gesetze übrigens keinesWegs, wie behauptet, aber nicht bewiesen wird, „ergeben [1]", sehen wir dunkel gebliebene Vorstellungen sich einschleichen, werden Beziehungen, die sogar als jenem Gesetze nicht unterworfen ausdrücklich bezeichnet wurden, trotzdem als causale gedacht, wobei natürlich noch ein anderer und zwar der gänzlich verworrene populäre Causalbegriff vorschwebt. Es heißt nämlich: „Von der endlosen Kette der Ursachen und Wirkungen, welche alle Veränderungen leitet, sind zwei Wesen unberührt, die Materie und die ursprünglichen Naturkräfte", „diese, weil sie das sind, vermöge dessen die Veränderungen oder Wirkungen möglich sind, das, was den Ursachen die Causalität, d. i. die Fähigkeit zu wirken, allererst ertheilt, von welchem sie diese also bloß zum Lehn haben [2]." Ein sehr schwankender Gedankengang! Die im ersten Satze von der Causalität eximirten Naturkräfte werden in dem zweiten Satze, der noch dazu dem ersten zur Stütze dienen soll, ganz vollgestopft mit Causalität; denn die Präposition „vermöge" bedeutet eine Causalbeziehung; was Jemand einem andern zum Lehn giebt, das gehörte ihm, also den Naturkräften die Causali-

---

[1] Näheres über diesen Punkt in der Untersuchung: die Materie.
[2] Wurzel 44.

tät, und das ohnehin in der Philosophie mißliche Wort „Kraft" wird völlig sinnlos, wenn man keine Causalbeziehung darunter verstehen will[1]). Es stellen sich hier noch andere Uebelstände heraus: Kurz vorher hatte Schopenhauer über den vernichteten kosmologischen Beweis triumphirt. Nun ergeht es ihm aber, wie Napoleon in Rußland, der zwar über alle feindlichen Armeen, welche sich seinem Zuge in den Weg stellten, Sieger geblieben und geradeaus unaufhaltsam vorgedrungen war, das Land jedoch links und rechts von seiner Straße nicht erobert hatte. Schopenhauer hat den kosmologischen Beweis den ganzen Strom der Zeit hinauf verfolgt und die prima causa als ein Unding aus der Welt getrieben; aber inzwischen regen sich hinter seinem Rücken und seitwärts der unendlichen Wirkungskette die Naturkräfte und bitten bringend das „unerbittliche" Causalgesetz: nimm uns mit auf deiner Reise in infinitum; wir sind vergessen worden, „der Fiaker" ist, ohne auf uns zu warten, abgefahren; wir sind zwar keine Wirkungen, keine Veränderungen, aber Ursachen, Ursachen ersten Ranges! — „Zum Inquisitor! wie seid ihr Buben denn wieder in's Haus gekommen?" rief der Gastwirth einer muthwilligen Schaar zu, die er vor wenigen Minuten hinausgeworfen hatte, als er die ganze Gesellschaft wieder drinnen beisammen fand, obgleich die Thür verschlossen war. „Ei, hinten standen ja die Fenster offen" — ward ihm zur Antwort — „da sind wir hereingeklettert." Darum, denke ich, werden wir noch etwas vorsichtiger, als Schopenhauer, uns verschanzen müssen, damit nicht trotz allem Causalgesetz so verdächtige Gäste einsteigen, wie die Kräfte. Was nützt alles Schelten über erste Ursachen, wenn man unwillkürlich solche selbst erdichtet[2])!

---

[1]) „Trägheit und Unwissenheit machen geneigt, sich zu früh auf ursprüngliche Kräfte zu berufen; dies zeigt sich mit einer der Ironie gleichenden Uebertreibung an den Entitäten und Quidditäten der Scholastiker. Ich wünsche nichts weniger, als die Wiedereinführung derselben begünstigt zu haben." Schopenhauer W. a. W. I 160. „Mais les facultés nues sans quelque acte, en un mot les pures puissances de l'école ne sont aussi que des fictions que la nature ne connaît point et qu'on n'obtient qu'en faisant des abstractions." Leibniz nouv. ess.

[2]) Es gehört zu Schopenhauers rühmlichen Verdiensten, daß er die Einbildung erster Ursachen perhorrescirt hat. Wiewohl die idealistische Causaltheorie nach meiner Ansicht eine seiner schwächsten Leistungen ist, zeigt sich doch auch in diesem

Das eben Erörterte ist nur eine Nebensache im Vergleich mit den Widersprüchen, in welche Schopenhauers Erkenntnißtheorie einerseits mit der knappen Formulirung des Causalgesetzes, andererseits mit sich selbst geräth. Nach dieser Lehre regelt das Causalgesetz nicht bloß die zeitliche Beziehung der Zustände der Objekte zu einander, sondern ihr Verhältniß zum empfindenden Subjekt, welches jene mittelst des Causalgesetzes erst bildet. Die Causalität ist jetzt weit mehr, als der Definition nach; die ganze Materie ist pure Causalität! Den Leser in diese Construction a priori der Körperwelt einzuführen, scheint folgende Stelle geeignet: „Das subjektive Correlat der Materie oder der Causalität, denn beide sind Eines, ist der Verstand, und er ist nichts außerdem. Umgekehrt ist alle Causalität, also alle Materie, mithin die ganze Wirklichkeit nur für den Verstand, durch den Verstand, im Verstande. Die erste, einfachste, stets vorhandene Aeußerung des Verstandes ist die Anschauung der wirklichen Welt: diese ist durchaus Erkenntniß der Ursache aus der Wirkung, daher ist alle Anschauung intellectual. Es könnte demnach nie zu ihr kommen, wenn nicht irgend eine Wirkung unmittelbar erkannt würde und dadurch zum Ausgangspunkt diente. Dieses aber ist die Wirkung auf die thierischen Leiber. Insofern sind diese die unmittelbaren Objekte des Subjekts [1]); die Anschauung aller andern Objekte ist durch sie vermittelt [2])." Aus dieser Grundansicht entspringen nun zwei durchgehends diametral entgegengesetzte Erklärungen, wie die Anschauung durch die der Causalität gewidmete Gehirnfunction entstehe:

A.

Der reine Verstand, weil er die Causalität als seine „Form und Funktion" a priori erkennt, con-

B.

Der Verstand (weil er verständig ist, besinnt sich erst, läßt Wunderthaten bleiben und) „lernt" all-

---

Theile des Systems der durchdringende Blick eines wahrhaft großen Denkers unverkennbar. Besonders lag ein bedeutender Fortschritt darin, daß er Gespenster, wie die causa sui, das Absolutum, das unbedingt Nothwendige mit allem Donner und Blitz seiner Rede vernichtete. Vgl. Wurzel 14. 38. 146. W. a. W. I 552, 571 ff. 590. Parerga I 176.

[1]) Es wird sich weiterhin zeigen, daß dies nur eine uneigentliche Redeweise, ein Tropus ist, und es sich in der That der Consequenz nach um subjektive Empfindungen handelt.

[2]) W. a. W. I 13.

A.

struirt die Körperwelt „unmittelbar", „mit Einem Schlage" und „sicher"; alle unsere Erfahrung ist sein Werk. Allen Objekten, die er sich anschaulich vorstellt, kommt zweifellose Realität zu. Die Objekte sind unmittelbar als nothwendig, erst vermöge der Reflexion als wirklich u. s. w. anzusehen, denn die ursprüngliche Erkenntniß ist die der Causalität. (Demzufolge wäre die Nothwendigkeit der eigentliche Kern der wirklichen Objekte.)

B.

mählich, zieht „Schlüsse" aus dem „Gewöhnlichen", erkennt „nie sicher"; „die Verstandesform der Causalität kommt erst mit und an dem Materiellen der Erkenntniß in's Bewußtsein." Die Objekte, welche er sich anschaulich vorstellt, sind zum Theil „Schein" und „Trug"; sie enthalten, je mehr Nothwendigkeit, desto weniger „rein objektiven Gehalt", „Realität." (Denn die Causalität ist bloße Relation, wie Schopenhauer oft erklärt.)

Belege:

„Die Veränderungen, welche jeder thierische Leib erfährt, werden unmittelbar erkannt, d. h. empfunden, und indem sogleich diese Wirkung auf ihre Ursache bezogen wird, entsteht die Anschauung der letzteren als eines Objekts. Diese Beziehung ist kein Schluß in abstracten Begriffen, geschieht nicht durch Reflexion, nicht mit Willkür, sondern unmittelbar, nothwendig und sicher. Sie ist die Erkenntnißweise des reinen Verstandes, ohne welchen es nie zur Anschauung käme, sondern nur ein dumpfes pflanzenartiges Bewußtsein der Veränderungen des unmittelba-

„Das Kind in den ersten Wochen seines Lebens empfindet mit allen Sinnen, aber es schaut nicht an, es apprehendirt nicht: daher starrt es dumm in die Welt hinein. Bald indessen fängt es an, den Verstand gebrauchen zu lernen" u. s. w.[1])

„Seit Chesseldens berühmt gewordenem Blinden hat der Fall sich oft wiederholt und es sich jedesmal bestätigt, daß diese spät den Gebrauch der Augen erlangenden Leute zwar gleich nach der Operation Licht, Farben und Umrisse der Gegenstände sehen (--), aber noch

[1]) Vom Sehen 10.

A.

ren Objekts übrig bliebe, die völlig
bedeutungslos auf einander folgten,
wenn sie nicht etwa als Schmerz
oder Wolluſt eine Bedeutung für
den Willen hätten. Aber, wie mit
dem Eintritt der Sonne die ſicht-
bare Welt daſteht, ſo verwandelt
der Verſtand mit Einem Schlage
durch ſeine einzige einfache Funktion die dumpfe nichtsſagende"
(und ihm doch ſo viel ſagende!)
„Empfindung in Anſchauung ¹)."

„Die Erkenntniß der Cauſalität, welche die bloße Empfindung in objektive empiriſche Anſchauung verwandelt, eben deßhalb
aber nicht erſt aus dieſer entlehnt
und erlernt, ſondern a priori
vorhanden und eben die Form und
Funktion des reinen Verſtandes
iſt, aber auch ſeine einzige, jedoch
eine ſo folgenreiche, daß alle un-
ſere empiriſche Erkenntniß auf ihr
beruht . . ."²)

B.

keine objektive Anſchauung der Ge-
genſtände haben: denn ihr Verſtand
muß erſt die Anwendung ſeines
Cauſalgeſetzes auf die ihm neuen
Data und ihre Veränderungen lernen ¹)."

„Uebrigens findet bei der empi-
riſchen Wahrnehmung die Bewußt-
loſigkeit, mit welcher der Uebergang
von der Empfindung zur Urſache
derſelben geſchieht, eigentlich nur
bei der Anſchauung im engſten
Sinne, alſo beim Sehen ſtatt" u.
ſ. w.²)

„Hingegen iſt die Verſtandesform
der Cauſalität nicht für ſich und
abgeſondert ein Gegenſtand des Vor-
ſtellungsvermögens" (d. h. doch:
läßt ſich nicht a priori erkennen),
„ſondern kommt erſt mit und an
dem Materiellen der Erkenntniß in's
Bewußtſein."

„Dieſe letztere Art der Erkenntniß (des Grundes aus der Folge)
iſt immer nur Induktion, d. h.
aus vielen Folgen, die auf einen
Grund deuten, wird der Grund als
gewiß angenommen; da die Fälle
aber nie vollſtändig beiſammen ſein
können, ſo iſt die Wahrheit hier
auch nie unbedingt gewiß.

¹) W. a. W. I 14. Das Gleichniß
iſt übrigens nicht gut.
²) W. a. W. I 535.

¹) Wurzel 70.
²) W. a. W. II 27.

A.

„Die Welt der Objekte ist dieserwegen nicht Lüge noch Schein." „Bloß dem durch Vernünfteln verschrobenen Geiste kann es einfallen, über ihre Realität zu streiten[1])."

„Die Forderung eines Erkenntnißgrundes hat hier also keine Gültigkeit, keinen Sinn, sondern gehört einer ganz anderen Klasse von Objekten an. Daher auch erregt die anschauliche Welt, so lange man bei ihr stehen bleibt, im Beobachter weder Skrupel noch Zweifel. Es giebt hier weder Irrthum noch Wahrheit, diese sind in's Gebiet der Abstraktion, der Reflexion gebannt[2])." Schopenhauer erklärt hier schließlich, die sceptische Frage nach der Realität der Außenwelt müsse sich selbst aufheben, weil ihr eben gar keine Bedeutung mehr bleibe.

„Das Sein der anschaulichen Objekte ist eben ihr Wirken[3])."

„Vielmehr stammen die Begriffe des Möglichen, Wirklichen und Noth-

[1]) W. a. W. I 17.
[2]) W. a. W. I 18.
[3]) W. a. W. I 17.

B.

Diese Art von Wahrheit allein aber hat alle Erkenntniß durch sinnliche Anschauung und die allermeiste Erfahrung. Die Affektion eines Sinnes veranlaßt einen Verstandesschluß von der Wirkung auf die Ursache; weil aber vom Begründeten auf den Grund der Schluß nie sicher ist, so ist der falsche Schein als Sinnentrug möglich und oft wirklich[1])" u. s. w. „Das durch die Vernunft richtig Erkannte ist Wahrheit, nämlich ein abstraktes Urtheil mit zureichendem Grunde (vgl. Wurzel §. 29 ff.), das durch den Verstand richtig Erkannte ist Realität, nämlich richtiger Uebergang von der Wirkung im unmittelbaren Objekt auf deren Ursache. Der Wahrheit steht der Irrthum als Trug der Vernunft, der Realität der Schein als Trug des Verstandes gegenüber[2])."

„Schein tritt alsdann ein, wenn eine und dieselbe Wirkung durch zwei gänzlich verschiedene Ursachen herbeigeführt werden kann, deren eine häufig, die andere selten wirkt: der Verstand, der kein Datum hat zu unterscheiden, welche Ur-

[1]) W. a. W. I 32.
[2]) W. a. W. I 26 vgl. W. a. W. II 132 Wurzel 60.

A.

wendigen aus der einzigen ursprünglichen. und daher a priori bewuß-
ten Form alles Erkennens her, und
zwar unmittelbar die Erkenntniß
der Nothwendigkeit. Hingegen
entstehen erst, indem auf diese die
Reflexion angewandt wird, die
Begriffe von Zufälligkeit, Möglichkeit, Unmöglichkeit, Wirklichkeit¹)."

¹) W. a. R. I 549.

B.

sache hier wirkt, da die Wirkung
ganz dieselbe ist, setzt dann allemal
die gewöhnliche Ursache vor-
aus¹)" u. s. w.

„Je mehr Nothwendigkeit eine
Erkenntniß bei sich führt, je mehr
in ihr von dem ist, was sich gar-
nicht anders denken und vorstellen
läßt, wie z. B. die räumlichen Verhältnisse, je klarer und genügender
sie daher ist, desto weniger rein objektiven Gehalt hat sie, oder desto
weniger eigentliche Realität ist in
ihr gegeben²)."

¹) W. a. W. I 28, womit man das
über die Kunst des Malers Gesagte vergleiche W. a. W. II 479.
²) W. a. W. I 145.

Die erste Hälfte (A) enthält lauter Sätze, welche mit strenger Consequenz aus der Hypothese folgen¹). So muß die Causalerkenntniß
beschaffen sein als eine — ja, wie soll ich sagen? — nun als eine „Form
und Funktion" des Gehirns a priori. Sie muß, von aller Erfahrung unabhängig, unmittelbar gegeben²), sofort zuverlässig, durchaus Rich-

¹) Von dieser ersten Theorie, welche sich durch systematische Abrundung und
Einfachheit empfiehlt, sind Viele geblendet worden, darunter denkende Männer, so
auch Dr. A. Mayer, der in der zweiten Abtheilung seines Buches über Materialismus und Spiritualismus andere Fragen höchst einsichtsvoll beleuchtet hat.
²) Schlagend bemerkt Herbart (mit Bezug auf eine oben citirte Stelle):
„Da Hr. Sch. über seine Recensenten im Voraus scherzt, so darf man sich eigentlich nicht einfallen lassen, für ihn eine Recension zu schreiben. Sonst würde Rec.
ihn bitten, doch einmal die soeben abgeschriebene Stelle aufmerksam zu lesen und
zuvörderst nachzudenken über das merkwürdige „Bald", bei welchem das Kind anfängt, in die (Kantische) Theorie des Verf. hineinzupassen, während es vorher, mit
Raum und Zeit und dem Causalgesetze vollständig ausgerüstet, dennoch so unbegreif-

tiges zum Resultate haben. Wie sie einmal die anschaulichen Objekte hinstellt, so müssen diese feststehn als die Realität. Denn würde jemals der Verstand auch nur der geringsten Täuschung überführt, so gäbe es noch eine andere Anschauung, noch andere Objekte, noch eine andere Realität, als die, welche seine Schöpfung ist, und zwar behielte jene gegen ihn Recht! — Ein einziger Fehltritt des sicher gehenden Verstandes reicht hin, um den Funken in eine Pulvermine zu schleudern, welche die ganze Festung in die Luft sprengt. Darum muß alle Wirklichkeit stets auf das Genaueste mit dem übereinstimmen, was die Causalerkenntniß a priori ausspricht; sie kann sich gegen deren Diktate nicht auflehnen, denn was wäre sie ohne ihren Meister, der sie erst zu Objekten gestaltet! Die Creatur muß gehorchen und schweigen.

Eine solche Theorie mußte aber auch zerplatzen, sobald sie mit der echten Wirklichkeit in Berührung kam. Daß dies Unglück bereits geschehen, beweist die zweite Tabelle (B). Hier nämlich ist Schopenhauer mit Thatsachen, mit dem a posteriori Bekannten beschäftigt, und die ehrliche Beobachtung zwingt ihn, trotz seinen vorgefaßten idealistischen Prinzipien die Wahrheit zu sagen und sich selbst damit zu widerlegen. Die Erfahrung war ja eben das Feld, welches Hume durchwühlt, aus welchem bei Kant der Causalbegriff sich geflüchtet hatte, wodurch derselbe freilich gegen skeptische Nachstellungen nicht besser geborgen war, als der Strauß vor dem Jäger ist, indem er den Kopf versteckt. Wer sich nur entschließen will, einmal unbefangen zu überlegen, wie weit denn seine Einsicht in die unübersehbare und tausendfältig verschlungene Kette der Ursachen und Wirkungen in der That reiche, wer sich nur über die einer einzigen Wissenschaft zur Erforschung vorliegenden unzähligen Causalver-

---

lich dumm ist, diese kostbaren Schätze ungenutzt zu lassen. Will der Verf. oder irgend ein Kantianer über die Möglichkeit dieser Dummheit einmal ernstlich nachdenken, so wird er bekennen müssen, daß sie ihm von einem Tage zum andern mehr zum Räthsel wird, und daß er schlechterdings nicht sagen kann, was denn eigentlich um die Zeit jenes „Bald" hinzukomme, wodurch die heilsame Veränderung vor sich geht, die aus den bis dahin todten Formen des Anschauens und Denkens nunmehr lebendige macht! Wo die Bedingungen und Gründe eines Ereignisses vollständig gegeben sind, da muß das Ereigniß sogleich erfolgen, nicht aber Wochen und Monate lang zögern — auch nicht einmal in der Erscheinung zögern."

hältnisse aufrichtig Rechenschaft zu geben versucht, kann der wohl einer menschlichen Gehirnfunktion allen materiellen Objekten gegenüber die Allmacht und Unfehlbarkeit zuschreiben, womit der Idealismus sie begabt? Mögen ferner die Anhänger Kants und Schopenhauers einen Augenblick absehen von ihrem eigenen vielleicht eminenten Verstande und auf die Menge ihre Aufmerksamkeit richten! Nicht einmal einen angeborenen unbezähmbaren Trieb, ein unablässiges Bedürfniß, von jeder Empfindung oder gar jedem Ereigniß die Ursache zu suchen, werden sie an unserer Gattung entdecken, geschweige denn eine angeborene Fähigkeit, immer die rechte zu finden. Vielmehr zeigen sich die Menschen dazu häufig wenig aufgelegt, träge und ungeschickt, und das reine Interesse, welches den Philosophen, den Naturforscher, den Historiker, den Philologen für die Erkenntniß der Ursachen und Gründe beseelt, ist eine Seltenheit; dem Volke ist jenes Erstaunen fremd, das dem Denker keine Ruhe läßt.

Nähmen wir jedoch an, Schopenhauers Hypothese wäre noch nicht widerlegt, so müßten wir fragen: was würde durch dieselbe gewonnen? Sie betrifft nur die Beziehungen der Objekte zum Subjekt, läßt aber unsere Einsichten in den Causalnexus zwischen den Objekten unerklärt. Das große Gebiet, welches die Causalität in der Naturwissenschaft, in der Geschichte einnimmt, ist gar nicht berücksichtigt worden — aus gutem Grunde! Denn Niemand, der mitten in solchen Forschungen sich bewegt, wird unter Beobachtungen, Experimenten, Quellenstudien von einer unmittelbaren Erkenntniß a priori träumen. Allerdings sollte der Definition noch andererseits das Causalgesetz auf subjektive Empfindungen gar keine Anwendung finden, sondern nur auf die Zeitfolge der Zustände der Objekte. Die Hypothese läßt dies aber ganz außer Acht.

Aber auch in ihrer beschränkten Sphäre ist die Hypothese sowohl unfruchtbar, als unhaltbar. Möge auf jeden Empfindungsreiz eine Reaktion erfolgen der Art, daß der Mensch eine Ursache derselben suche; so bleibt noch ganz unbegreiflich, weßhalb er sie an dieser oder jener bestimmten Stelle des Raumes trifft. Man vergesse hier nicht, daß der Idealismus räumliche Gegenstände unabhängig von unserer Vorstellung nicht kennt, also nicht erwidern darf: da stand eben schon das Objetzt! Weder ein da, noch ein räumliches Objekt, ja, wenn wir scharf idealistisch denken, nicht einmal eine Ursache gab es vor der Ausübung unserer Gehirnfunktion[1]). Das Alles existirt nur in der Vorstellung. Wie kommt es hinein? Ich vermuthe, daß Schopenhauer sich dunkel eine Bewegung dachte vom Gehirn nach außen, die in der gesetzten Ursache ihr Ziel fände. Sei nun die „einfache" Gehirnfunktion in dieser Richtung thätig, so sind wir wieder am Ende unseres Witzes. Was stört sie plötzlich in ihrem Gange, daß sie nicht in infinitum fortschreitet, sondern an einer bestimmten Stelle im Raume Halt macht? Doch etwas Anderes, als der Trieb zum Suchen? Doch wohl ein entgegenstehendes Hinterniß? Träte das Objekt nicht — sehr a posteriori — von selbst in's Mittel, so bedürften wir eines deus ex machina, um seiner habhaft zu werden. — Wie schwierige Aufgaben bieten nicht die Causalverhältnisse zwischen den sinnlichen Empfindungen und der Außenwelt der Physiologie und Psychologie dar? Das Alles wüßte die Menschheit a priori? und noch dazu bekäme sie erst vermittelst solcher Kenntniß überhaupt anschauliche Objekte?

Wir wollen jetzt die Hypothese noch von einer andern für das ganze System sehr wichtigen Seite betrachten. Die Ursachen, welche der Verstand in den Raum setzt, sind nicht die sinnlichen Empfindungen selbst; sie können auch nicht „Dinge an sich" sein; es möchte scheinen, als seien sie reine Fiktionen, würden wir nicht ausdrücklich anders belehrt. Aus diesen Ursachen besteht nämlich die objektive Welt, die Realität! Das ist jedoch unmöglich, denn:

Nach Schopenhauer ist erstens die Sinnesempfindung subjektiv: „Das erste Datum der empirischen Anschauung, die Sinnesempfindung, ist ein durchaus Subjektives, ein Vorgang innerhalb des Organismus, weil unter der Haut[2])."

Zweitens haben wir kein unmittelbares Objekt. Oder soll etwa die, offen gesagt, absurde Behauptung aus der Noth helfen?:

„Der Leib ist uns also hier unmittelbares Objekt, d. h. diejenige

---

[1]) 3. B. vgl oben W. a. W. I 13, Parerga I 286.
[2]) Wurzel 76. Ob die Annahme berechtigt ist, was unter der Haut geschehe, sei durchaus subjektiv, kommt hier noch nicht in Betracht.

Vorstellung, welche den Ausgangspunkt der Erkenntniß des Subjekts macht, indem sie selbst mit ihren unmittelbar erkannten Veränderungen der Anwendung des Causalgesetzes vorhergeht und so zu dieser die ersten Data liefert[1]).“ Diesen kühnen Ausspruch nimmt Schopenhauer selbst sogleich zurück[2]): „Jedoch ist hier der Begriff Objekt nicht in eigentlichem Sinne zu nehmen, denn durch diese unmittelbare Erkenntniß des Leibes, welche der Anwendung des Verstandes vorhergeht und bloße sinnliche Empfindung ist, steht der Leib selbst nicht eigentlich als Objekt da, sondern erst die auf ihn einwirkenden Körper.“ Auch ist Jedem bekannt, daß wir erst allmählich zu einer immer unvollkommen bleibenden Vorstellung unseres Leibes gelangen; wer nicht Arzt ist, kennt kaum mehr, als die Oberfläche und einzelne Theile[3]).

Drittens ist das Causalgesetz nur subjektiven Ursprungs: „Es muß nun entweder objektiven oder subjektiven Ursprungs sein: in beiden Fällen liegt es auf dem einen oder dem andern Ufer, kann also nicht die Brücke abgeben. Ist es, wie Locke und Hume annahmen, a posteriori, also aus der Erfahrung abgezogen, so ist es objektiven Ursprungs, gehört dann selbst zu der in Frage stehenden Außenwelt und kann daher ihre Realität nicht verbürgen . . . . Ist es hingegen, wie Kant uns richtig belehrt hat, a priori gegeben, so ist es subjektiven Ursprungs, und dann ist es klar, daß wir damit stets im Subjektiven bleiben[4]).“ Den Gegnern der Apriorität des Causalgesetzes wird hier vorgeworfen, dasselbe könne ihnen die Realität der Außenwelt nicht verbürgen — leistet es etwa den Idealisten diesen Dienst? Man braucht nur die letzten Worte des Citats zu lesen, um nein zu sagen. Die Realität der Außenwelt aber wird uns eine ruhige Besinnung verbürgen, welche in den Sinn der Worte Wirklichkeit, Vorstellung, Objekt und Subjekt einbringt und richtigere Begriffe davon, als der Idealismus, festsetzt.

Demzufolge wird aus der subjektiven Empfindung ohne Weiteres durch das subjektive Causalgesetz die objektive Welt! Der Idealismus hat vom Subjekte aus per fas et nefas un-

---

[1]) W. a. W. I 22.   [2]) W. a. W. I 24.
[3]) Vgl. auch Herbart XII 374 f.   [4]) W. a. W. II 12.

begreiflicher Weise Reales hervorgebracht! Gebe man sich keiner vor-
eiligen Freude hin über die so errungene äußere Realität! Was haben
wir nun eigentlich an ihr? „Der Realismus übersieht aber, daß das
sogenannte Sein dieser realen Dinge doch durchaus nichts Anderes
ist, als ein Vorgestelltwerden, oder, wenn man darauf besteht, nur
die unmittelbare Gegenwart im Bewußtsein des Subjekts ein Vorgestelltwerden κατ' ἐντελέχειαν zu nennen, gar nur ein Vorgestelltwerden
können κατὰ δύναμιν [1])." Dieser Satz bedarf für Nachdenkende keines
Commentars und wirft ein grelles Licht auf die Hypothese und die
darauf fußende erste Theorie (A) zurück. Aus Richtigem ist Richtiges
geworden. Nehmen wir ferner den Schleier der Maja hinzu und die
Lehre, daß alle Vielheit, alle Relation in Raum und Zeit bloß getrübte
Erscheinung des Einen Dinges sei, wonach nicht bloß Schein und Sin-
nestäuschung möglich, sondern unsere ganze Ansicht, es gebe wirklich räumliche, zeitliche und causale Objekte, prekär, einigen Aeußerungen und der
Consequenz gemäß ein Wahn ist; so müssen wir bekennen: Der viel-
gepriesene Causalinstinkt ist werthlos; statt uns mit Erkenntniß zu beschenken, mystifizirt er uns, wir sind am Ende
„von einem bösen Geist im Kreis herumgeführt."

Und was bleibt schließlich jener „Form und Funktion" a priori
übrig nach dem Eingeständniß, daß sie „erst mit und an dem Materiellen
der Erkenntniß in's Bewußtsein kommt"? Die Causalität ist nicht
a priori bewußt! Was ist sie denn a priori? Sollte etwa in jenen
vornehmen Ausdrücken nichts Deutliches liegen, als der schlichte Gedanke:
unser Gehirn ist von vornherein, von Geburt an so eingerichtet, daß wir
nachher mit der Zeit, im Laufe der Erfahrung, unter Anderm auch Causalbeziehungen zu erkennen im Stande sind? Meint Jemand dies, wenn
er das geheimnißvolle Wort a priori niederschreibt, so sei der Ausruf
gestattet: tant de bruit pour une omelette! Denn ebenso ist dem
Menschen Alles, was er in seinem Leben thut und leidet, a priori angeborene Funktion. Jedoch kenne ich auch einen vernünftigen Gebrauch
des Wortes a priori — den relativen nämlich innerhalb mensch-
licher Erkenntniß.

---

[1]) Wurzel 31 vgl. 30.

Schopenhauer hat über Kants Inconsequenz gespottet, die empirische Anschauung für gegeben zu halten. Auch in seiner Theorie kommt mitunter etwas Gegebenes zum Vorschein, die Data; als „nichtssagend" werden diese indeß verachtet. Solch idealistischer Stolz hat sich bitter gerächt. Die Data werden doch wohl gar viel sagen müssen, sie werden zum Theil doch wohl schon selbst räumliche Vorstellungen sein, und die Kenntniß der Realität wird darauf beruhen, daß man die Data nicht nach Einem Gesetze, nach Einer Form a priori, sondern in jedem einzelnen Falle so combinirt, wie sie gegeben sind.

Da die Hypothese der Ursächlichkeitserkenntniß a priori widersinnig ist, so müssen auch alle etwaigen Beweise für diese Annahme falsch sein. Eine förmliche Demonstration hat nun Schopenhauer gar nicht versucht; daß er mehrere einseitige Ableitungen aus besonderen Theilen der Empirie bestreitet, kann doch nicht für einen Beweis der Apriorität gelten [1]. Auch sagt er selbst: „Die Unabhängigkeit des Causalgesetzes von aller Erfahrung konnte aber gründlich nur dadurch dargethan werden, daß die Abhängigkeit aller Erfahrung ihrer ganzen Möglichkeit nach von ihm nachgewiesen wurde." Seine Voraussetzung steht und fällt also mit der ersten Theorie, mit der sie unzertrennlich verknüpft ist. — Ich habe mich bemüht, Kants und Schopenhauers Lehre über Ursache und Wirkung so klar, wie unklar Gedachtem gegenüber irgend möglich, zu analysiren und zu beweisen, daß sie falsch ist. Wer dessenungeachtet die Form und Funktion a priori beizubehalten wünscht und dafür in die Schranken treten will, den bitte ich, bevor er zu disputiren beginnt, sich selbst und dem Leser in ehrlichem Deutsch zu sagen, was er unter einer Causalerkenntniß a priori deutlich Gedachtes verstehe, damit nicht „um des Kaisers Bart" gestritten werde. Freilich ist mir nicht unbekannt, daß

---

[1]) Vgl. Wurzel 74. Uebrigens sind auch in dieser Polemik manche Trugschlüsse von ihm begangen worden. — Geradezu unbedachtsam erscheint die „beiläufige Widerlegung" Humes (Wurzel 83 vgl. W. a. W. II 44): „Da die älteste und ausnahmloseste Folge von Tag und Nacht doch nicht vermöge der Gewohnheit irgend Einen verleitet hat, sie für Ursache und Wirkung von einander zu halten", wogegen nur beiläufig bemerkt sei, daß dies in der Vorzeit allerdings mitunter geschehen ist, und daß der Sonnenaufgang sehr sichtbar dem Tage vorangeht, wie der Sonnenuntergang der Nacht, keineswegs aber a priori als Ursache erkannt wird.

es Schriftsteller giebt, denen bei diesem bescheidenen Gesuch zu Muthe wird, als ob man ihnen ein Brechmittel anböte; wär's ein Befehl, er würde ihnen wie ihr Todesurtheil klingen, sie fielen stracks in Ohnmacht. Von Solchen ist natürlich, falls sie überhaupt auf pedantische Kleinigkeitskrämereien Rücksicht nehmen, zu erwarten, daß sie etwa feierlich verkünden, es handle sich hier um tiefe Aufschlüsse, um eine großartige Synthese — Dinge, die sich der geringen Fassungskraft eines Rationalisten nicht mittheilen ließen. „Verharren wir aber in dem Bestreben: das Falsche, Ungehörige, Unzulängliche, was sich in uns und Andern entwickeln und einschleichen könnte, durch Klarheit und Redlichkeit auf das möglichste zu beseitigen[1]).“ Werden sie tief, so kommen mir immer die Verse aus Schillers Taucher in den Sinn: „Da unten aber ist's fürchterlich . . . .“ — „Ich kann's nicht vertragen, es hat seine Gründe.“ — Synthese bedeutet im Munde gewisser Leute nichts, als Confusion; Analyse aber ist Klarheit. Laßt uns ihr vertrauen! Ein unscheinbarer Monitor kann große Segelfregatten analysiren.

Neben die Causalität stellt Schopenhauer drei andere „Gestalten des Satzes vom Grunde“: den Erkenntnißgrund, den Seinsgrund und die Motivation. Daß nun der Unterschied zwischen ratio und causa, Grund des Erkennens und Ursache des Geschehens nicht verwischt werden darf, daß Vermengung beider sich verderblich erwiesen hat, wird mit vollem Rechte eingeschärft. Der Seinsgrund aber, aus dem „die mathematische Nothwendigkeit“ entspringen soll, „vermöge welcher jedes von einem wahren geometrischen Lehrsatze ausgesagte Verhältniß so ist, wie er es besagt, und jede richtige Rechnung unwiderleglich bleibt[2])“,

---

[1]) Göthe.

[2]) Wurzel 146. Schopenhauer hat die in der Geometrie herkömmliche Lehrmethode heftig angegriffen. Gewiß bedarf sie mancher Verbesserung, und die Mathematiker selbst sind bestrebt, eine mehr genetische Anordnung und Beweisart durchzuführen. Sachkenner werden folgende kurze Bezeichnung dieser Tendenz nicht mißdeuten: Damit die Elemente besser begriffen werden, muß man sie mehr aus den Begriffen heraus entwickeln, nicht Sätze und Sätze zu einem bunten Mosaik zusammenwürfeln, sondern möglichst analytisch verfahren. Bei eignen mathematischen Studien habe ich mich vielfach mit Umarbeitungen zu dem angedeuteten Zwecke be-

ist eine nicht bloß überflüssige, sondern auf Mißverständniß beruhende Erfindung. Dies leuchtet sofort aus dem über die Arithmetik Gesagten ein: „Die Zahlenreihe aber nun ist die einfache und alleinige Reihe der Seinsgründe und Folgen in der Zeit[1]." „In der Arithmetik ist der Seinsgrund nichts anderes, als eben das Zeitverhältniß selbst[2]." Wenn das in der Zeit Vorhergehende das Folgende „begründet", so heißt Ersteres die causa fiendi des Zweiten; nennt man aber die bloße Succession Begründung, so thut man nichts weiter, als daß man einem Verhältnisse, welches bereits genügend bezeichnet ist, einen neuen unpassenden Namen giebt. Nicht vortheilhafter wählt man, anstatt zu sagen: diese Körper, Flächen und Linien befinden sich zugleich im Raume, den Ausdruck: sie sind Seinsgründe von einander. Entweder wird dabei gar nichts oder etwas sehr Verkehrtes zur Coexistenz hinzugedacht, nämlich das logische Ungeheuer: Wechselwirkung[3]); Schopenhauer gelangt auch wirklich zu dem Resultat: „Bei dem Grunde des Seins im Raume herrscht also überall ein Analogon der sogenannten Wechselwirkung." Figuren, die der Geometer zusammen zeichnet oder erdenkt, erzeugen aber nicht einander, sondern werden von ihm zusammen construirt. — Nun findet sich oft, nicht etwa bloß in der Mathematik, sondern bei Vorstellungen aller Art,

---

schäftigt, ehe ich noch von Schopenhauer etwas gehört oder gelesen hatte. So weit seine Vorschläge zu billigen sind, schließen sie sich, obgleich irrealistisch gefärbt, derselben Richtung an. Wenn er aber über den euklidischen „Mausefallenbeweis" des pythagorischen Lehrsatzes spottet und statt dessen eine freilich das Auge sofort überzeugende Construktion giebt, die leider aber nur für gleichschenklige Dreiecke paßt, und zu der man sich vergebens quält, ein Analogon für ungleichschenklige zu ermitteln, so kann man Mathematikern wahrlich nicht verargen, daß sie die Achseln zucken und sagen, der gute Wille reiche hier weiter, als die That und die Möglichkeit.

[1] Wurzel 143.   [2] Wurzel 144.

[3] Daß Veränderungen eines Dinges in einem andern Veränderungen bewirken können, die wieder auf den Zustand des ersteren einwirken, soll durchaus nicht geleugnet werden, und, wenn man das Wort Wechselwirkung in diesem Sinne braucht, ist gar nichts dagegen einzuwenden. Es hat sich aber unter demselben Namen eine ganz monströse Vorstellung eingeschlichen und verbreitet, welche darauf hinausläuft, A bringe B hervor und werde selbst erst von B hervorgebracht. Als Paradigma dazu ist empfehlenswerth eine Kuh, die von ihrem Neugeborenen geboren wird, und das Kalb, welches die Mutter seiner Mutter ist. Diese Wechselerzeugung hat Schopenhauer a. a. O. selbst entschieden verworfen. Vgl. W. a. W. I 544 ff.

daß ich Eines nicht denken kann, ohne ein Anderes mitzudenken, welches insofern die conditio sine qua non des Ersteren ist; das ist ein logisches Verhältniß, welches herrscht, so weit die Begriffe relativ sind. Diese Nothwendigkeit, etwas mitzusetzen, kann natürlich eine wechselseitige Zusammengehörigkeit sein, wie z. B. der Gutsbesitzer ein Gut, die Schule Schüler und Lehrer, das Kreisgerichtsmitglied ein Kreisgericht, der Baum einen Baumstamm, jedes Geschehen eine Zeit voraussetzen läßt und umgekehrt. So kann ferner kein Ding ohne Eigenschaft gedacht werden und keine Eigenschaft ohne ein Ding, dessen Merkmal sie ist. — Man muß sich' hüten, das in solcher Beziehung zu einander Stehende für Ursache und Wirkung von einander zu halten. Eine Verwechselung dieses logischen Verhältnisses mit der Causalität ist jedoch sehr häufig, sogar ausgezeichneten Denkern begegnet und die Quelle folgenschwerer Irrthümer geworden; u. A. hat sie besonders in die Lehre von der Substanz und ihren Accidenzen Verwirrung gebracht. Der übliche Ausdruck, das Eine setze das Andere voraus, darf bei derartigen Verhältnissen nicht zu der Annahme verleiten, Letzteres sei darum vor Ersterem da und etwa seine Ursache. — Diejenigen Relationen zwischen verschiedenen Eigenschaften geometrischer Figuren, welche Schopenhauer wohl zunächst veranlaßt haben, unter dem Titel Seinsgründe eine eigene Klasse auszusondern, sind als eine Art der angegebenen logischen Verhältnisse aufzufassen. Die Motivation endlich wird gewöhnlich von Schopenhauer selbst zur Causalität gerechnet, indem er die causae fiendi in „Ursachen im engsten Sinne", Reize und Motive eintheilt[1]). Es ist aber offenbar unstatthaft, das der ersten Klasse bereits Subordinirte derselben außerdem noch zu coordiniren. Auch lautet die Definition: „Motiv wird der Gedanke, wie die Anschauung Motiv wird, sobald sie auf den vorliegenden Willen zu wirken vermag."

Im letzten Capitel der Abhandlung über den Satz vom zureichenden Grunde sagt Schopenhauer, die vier Gestalten enthielten nach dem Gesetze der Homogeneität ein Gemeinschaftliches, welches ein abstrakter Begriff sei, läßt diesen aber ganz unbestimmt. Werden wir hier-

---

[1]) Wurzel 45 f.

über etwa durch die Eröffnung aufgeklärt: „Nun aber findet sich, daß alle unsere Vorstellungen unter einander in einer gesetzmäßigen und der Form nach a priori bestimmbaren Verbindung stehen, vermöge welcher nichts für sich Bestehendes und Unabhängiges, auch nichts Einzelnes und Abgerissenes Objekt für uns werden kann. Diese Verbindung ist es, welche der Satz vom zureichenden Grunde in seiner Allgemeinheit ausdrückt[1])"? Den einzigen soliden Anhaltspunkt gewähren uns die Worte: „Vorläufig muß indessen irgend eine Formel aufgestellt werden. Ich wähle die Wolfische als die allgemeinste: Nihil est sine ratione, cur potius sit, quam non sit. Nichts ist ohne Grund, warum es sei[2])." Dieser Satz soll keines Beweises bedürfen; Schopenhauer will die Forderung eines Beweises für ihn folgendermaßen ad absurdum führen: „Einen Beweis für den Satz vom Grunde insbesondere zu suchen, ist überdies eine spezielle Verkehrtheit, welche von Mangel an Besonnenheit zeugt. Jeder Beweis nämlich ist die Darlegung des Grundes zu einem ausgesprochenen Urtheil, welches eben dadurch das Prädikat wahr erhält. Eben von diesem Erforderniß eines Grundes für jedes Urtheil ist der Satz vom Grunde der Ausdruck. Wer nun einen Beweis, d. i. die Darlegung eines Grundes für ihn fordert, setzt ihn eben hierdurch schon als wahr voraus, ja stützt seine Forderung eben auf diese Voraussetzung. Er geräth also in diesen Circel, daß er einen Beweis der Berechtigung, einen Beweis zu fordern, fordert[3])." Dieser Witz mag Leuten, die im Denken wenig geübt sind, sehr gefallen; sieht man aber genauer zu, so bemerkt man grobe Fehler darin. Erstens setzt, wer für einen bestimmten Satz die Darlegung eines Grundes fordert, darum noch gar nicht voraus, daß Alles in der Welt einen Grund haben müsse. Zweitens kehrt die Pointe sich um; denn zu erklären, Alles habe einen Grund, aber der Satz, daß Alles einen Grund habe, habe keinen, ist doch wohl eine contradictio in adiecto. Wer ist also ad absurdum geführt? — Allerdings ist der Satz keines Beweises fähig, aber aus einem ganz anderen Grunde. Die Behauptung, dieser Satz vom zureichenden Grunde sei gewiß, ist nämlich falsch. Nimmt

---

[1]) Wurzel 26.   [2]) Wurzel 5.   [3]) Wurzel 23.

man ratio im engeren Sinne, so ist sogar sein Gegentheil unzweifelhaft richtig. Das Reich des Erkenntnißgrundes hat an unbewiesenen That-sachen seine Grenzen; jede mittelbare Erkenntniß hat in unmittelbarer ihren letzten Grund. Käme alles Wissen erst durch Folgerung und Be-weis zu Stande, es käme so wenig jemals zu Stande, wie ein Haus, dessen Fundament im Unendlichen erbaut werden sollte. Und wird unter Grund auch Ursache mitinbegriffen, so müßte man, um versichern zu können, Alles in der Welt sei verursacht, doch erst bewiesen haben, daß es nichts Ewiges geben könne, was keinem Sterblichen gelingen wird. Wolfs Satz vom zureichenden Grunde schwebt völlig unbegründet in der Luft; er ist keine unumstößliche Wahrheit, sondern ein verwegenes metaphysisches Dogma.

Eine gemeinsame Wurzel der Causalität und der logi-schen Begründung hat Schopenhauer demnach zwar gesucht, aber nicht gefunden. Ist diese Aufgabe denn überhaupt zu lösen? Steht irgendwo ein Gesetz der Homogeneität geschrieben, das hier Erfüllung heischte?

Sind die Begriffe der Ursache und des Erkenntnißgrundes wirklich homogen?

Um zu einer festen Entscheidung über diesen wichtigen Punkt zu ge-langen, muß man zunächst vollkommen sicher eingesehen haben, daß hier wirklich zweierlei durchaus Verschiedenes vorliegt. Da wohl Wenige sich dessen ganz deutlich bewußt sind und die philosophische Litteratur fortwäh-rendes Schwanken der Meinungen darüber zeigt, wird eine kurze, leicht verständliche Auseinandersetzung nicht ohne Nutzen sein.

Eine Ursache bringt immer ihre Wirkung hervor; ist die Ursache da, so kann die Wirkung nicht ausbleiben, und nie kann etwas Anderes an deren Stelle geschehen. Nicht so beschaffen ist das Verhältniß zwischen Grund und Folgerung in der Erkenntniß. Die Denkgesetze, welche den Gegenstand der Logik bilden, sind etwas ganz Anderes, als die Naturgesetze des menschlichen Denkens, mit deren Erforschung die Psychologie sich beschäftigt. Naturgesetze kann man nur solche Regeln nennen, nach welchen das wirkliche Geschehen sich immer richtet; wollte man von Naturgesetzen reden, welchen der wirkliche Erfolg zuwiderliefe,

5*

so wäre das ein Mißbrauch des Wortes; gegen ein Naturgesetz zu sün-
digen, ist unmöglich, ob man sich auch auf den Kopf stellen mag. Dagegen kann man der Logik zum Hohne die tollsten Purzelbäume schießen,
und niemals ihren Denkgesetzen ein Schnippchen zu schlagen, ist schwer.
Die Associationen und sonstigen Schicksale unserer Vorstellungen bringen
ebensowohl Irrthum und Ungereimtes zu Tage, als Wahrheit, ohne daß
die psychologischen Gesetze irgend einmal verletzt würden. Die Vorschrif-
ten und Verbote der Logik finden durchaus nicht immer Gehorsam — so
wenig, wie juristische, moralische und religiöse Gebote stets befolgt werden.
Die Normen des richtigen Denkens, welche dies corpus iuris syllogistici
aufstellt, üben keine unwiderstehliche physische Gewalt aus. Wenn man
diesen Unterschied zwischen Natur- und Denkgesetzen im Auge behält,
wird man begreifen, daß die Gründe des Erkennens weder eine Art
der Ursachen des Geschehens ausmachen, noch eine Gattung, der diese
unterzuordnen wären. Davon kann man sich auch einerseits durch Erinnerung an zahlreiche Fälle überzeugen, in denen etwas für Gleich-
zeitiges zum Beweisgrunde dient oder sogar das in der That Spätere, die Wirkung, eine Prämisse abgiebt, aus der auf das Frühere,
die Ursache, geschlossen wird; gehörte die logische Begründung
aber zur Verursachung, so müßten ihr auch sämmtliche aller Causalbeziehung wesentlichen Merkmale zukommen, und dem, was gefolgert
wird, müßte stets das, woraus es gefolgert wird, in der Zeit vorangehn,
während das umgekehrte Verhältniß doch häufig eintritt. Sollte andererseits die Verursachung eine Art der logischen Begründung sein, so müßte man aus jedem Faktum seine Wirkungen erschlie-
ßen können; wäre dem so, dann wären Experimente überflüssig, und die
ganze Zukunft ließe sich prophezeien — a priori! —

Ueberlegt man nun, daß eine Behauptung noch nicht zureichender Erkenntnißgrund für eine andere ist, so lange die letztere un-
beschadet der ersteren geleugnet werden kann — schärfer ausgedrückt: so
lange man zugleich erstere zugeben und letztere verneinen kann, ohne sich
zu widersprechen — so nimmt man eine Bedingung wahr, die nothwendig erfüllt sein muß, damit ein Urtheil das andere begründe. Daohne kein Erkenntnißgrund! Wie viel diese conditio sine qua non ent-

hält, so viel wenigstens ist also zur logischen Begründung erforderlich. Es fragt sich ferner, ob nicht vielleicht noch mehr? Man wird aber leicht einsehen, daß dies vollkommen genügt; denn eine Behauptung, die man nicht verneinen kann, ohne einer andern zugestandenen zu widersprechen, muß man bejahen, wofern man nicht Unsinn reden will. Nicht mehr und nicht weniger gehört also zur Definition des Erkenntnißgrundes, welchen wir demnach folgendermaßen bestimmen müssen: Erkenntnißgrund ist das durch ein Urtheil Ausgesagte[1]) für das durch ein anderes Urtheil Ausgesagte dann, wenn man diesem seine Zustimmung nicht verweigern kann, ohne mit jenem in Widerspruch zu gerathen. Alle logische Begründung, jede Folgerung und jeder Schluß ist auf den Satz vom Widerspruch zu reduziren[2]). Die übrigen Prinzipien der Logik sind analytische Urtheile, und jedes analytische Urtheil hat an einer Definition seinen Erkenntnißgrund, d. h. erweist sich mittelst des Satzes vom Widerspruch als deren nothwendige Folge; so ist z. B. die Schlußregel, daß Merkmale der Gattung nothwendig der Art und dem Individuum zukommen, aus der Definition des Begriffs der Gattung abzuleiten. Die besten Lehrbücher der formalen Logik erklären Nothwendigkeit für gleichbedeutend mit Unmöglichkeit des Gegentheils. Damit stimmt die durch unsere Untersuchung gewonnene Definition des Erkenntnißgrundes überein, denn ihr zufolge ist das logisch Nothwendige durchaus nichts Anderes, als das, dessen Gegentheil Widerspruch, d. i. Unsinn in sich enthält.

Ist diese Definition auch wirklich erschöpfend? Sind dabei nicht

---

[1]) Das Geurtheilte. Man muß den Inhalt eines Urtheils von dem Akte des Urtheilens wohl unterscheiden; dieser ist vorübergehend, während das dabei Erkannte für große Zeiträume gültig sein kann.

[2]) Wenn in besonderen Fällen speziellere Sätze die Stelle des Satzes vom Widerspruch vertreten können, so verhalten sie sich zu ihm, wie sich eben der besondere Fall zum allgemeinen Gesetze, wie sich die Formel in bestimmten Zahlen zur algebraischen verhält. Damit ist jedoch nicht etwa gesagt, man müsse diesen Satz zuvor vernommen haben und vergewissere sich erst durch Anwendung der abstrakten Erkenntniß, daß z. B. ein Dreieck kein Quadrat, ein Philosoph kein Hegelianer sein kann. Ein aufgedeckter Widerspruch zwischen zwei einzelnen Aussagen macht die Verkehrtheit, beide zugleich für wahr zu halten, unmittelbar einleuchtend und gewiß, und Locke hat die übertriebene Verehrung der allgemeinen Axiome mit Recht als eine Thorheit verspottet.

die Probabilitäts- und Plausibilitätsgründe vergessen worden? — Wer
die obige Entwickelung durchdacht hat, den wird meine scheinbar paradoxe
Antwort nicht überraschen; ich sage: nein! denn die sogenannten
Probabilitätsgründe sind keine Gründe, sondern gehören zu
den Ursachen, zu den Ursachen der Zuversichtlichkeit, mit der man Unge-
wisses glaubt. — Das menschliche Anschauen und Denken schreitet in
der Zeit fort, es ist ein Geschehen und insofern der Causalität unterworfen; die Vorstellungen und ihre Umwandelungen bewirken neue Gedanken, ohne sie stets zu begründen, und alles Dafürhalten, Meinen,
Vermuthen, Annehmen, Glauben entsteht nach psychologischen, aber keineswegs nach logischen Gesetzen. Wie wenige Ansichten lassen sich aus unmittelbar gewissen Sätzen folgerecht beweisen! Ueberredung ist häufig,
Ueberzeugung selten. Wie viel angebliches Wissen zerfällt nicht bei nä-
herer Prüfung, wenn man Erkenntnißgründe dafür verlangt! Doch ihre
Ursachen haben die haltlosesten Irrthümer ebensowohl, als die bewie-
senste Wissenschaft. Man betrachte z. B. die tausend Arten des Aber-
glaubens auf der Erde! Kein Abergläubiger vermag uns durch vernünftige Gründe zu seinem Wahne zu bekehren; aber den Ursachen
dieser Phänomene auf die Spur zu kommen, die Motive[1]), die Gemüthszustände zu entdecken, derentwegen allen Gründen zum Trotze das
Absurde festgehalten wird, ist eine ganz andere Aufgabe, deren Lösung
mehr und mehr der vergleichenden Mythologie gelingen wird. Brauch-
bare Regeln der Rhetorik sind unstreitig von hoher Wichtigkeit, aber
die Logik hat nichts mit ihnen zu schaffen. Ebenso schließt die Logik das
Wahrscheinliche mit Recht von ihrem Gebiete aus, obgleich wir uns
in der Empirie, z. B. in der Geschichte, und in der Praxis des Lebens
meistens mit nur wahrscheinlichen Urtheilen begnügen müssen. Wenn aber
Gesetze der Wahrscheinlichkeit sogar Rechnungen angestellt werden, deren
Resultaten jene also zum Erkenntnißgrunde dienen, so sind es darum doch
nicht logische Gesetze, nicht Denkgesetze[2]).

---

[1]) Beweggründe?

[2]) Hat man eine Regel festgesetzt, nach der Sätze, die gewissen bestimmten
Anforderungen genügen, wahrscheinlich genannt werden, so folgt natürlich aus solcher Regel mit Nothwendigkeit für jeden so beschaffenen Satz, daß er wahrschein-

Es ist eine Anticipation der Gewißheit, eine Uebereilung im Raisonnement, wenn man zu Behauptungen, die aus dem, woraus man sie deduziren möchte, möglicherweise folgen könnten, in einem gewissen Falle folgen würden, schon Grund zu haben glaubt, bevor es ausgemacht ist, ob jener Fall auch wirklich eintritt. Wenn die Richtigkeit eines Satzes aus der eines andern folgen könnte, so ist dieser darum noch nicht Beweisgrund für ihn; wenn ein Satz unter bestimmten Bedingungen aus einem andern folgen würde, so würde der Inhalt des letzteren für ihn Beweisgrund sein, falls eben jene Bedingungen erfüllt wären. Zwei Urtheile, von denen man sagen darf: das eine würde aus dem anderen folgen, hängen nicht unmittelbar, sondern durch eine Schlußkette mit einander zusammen. Bis nun alle diejenigen Urtheile, welche die Mittelglieder bilden, für gültig erklärt worden sind, bleibt es dahingestellt, ob die Voraussetzung für das abgeleitete Urtheil Erkenntnißgrund sei oder nicht. Im gewöhnlichen Leben verfährt man häufig ungenau, indem man von Gründen redet, wo nur eine unsichere Ahnung vorschwebt, daß etwas möglicherweise zum Beweise führen könnte, wo man die Zwischensätze des etwaigen Schlusses sich einstweilen noch gar nicht klar gedacht, wenigstens sich über ihre Gültigkeit noch nicht mit „ja" oder „nein" entschieden hat.

Wozu aber diese mühsamen Distinktionen! Wozu alle Spitzfindigkeiten! — mag Mancher sagen — die einfache Erklärung liegt ja so nahe: „Erkenntnißgrund ist der Grund, vermöge dessen erkannt wird." — Das zu sagen, liegt freilich nahe und kostet kein Kopfzerbrechen; was läßt sich aber dabei denken? Unter „Grund" ist hier offenbar etwas Allgemeineres verstanden. Angenommen nun, Grund sei die Gattung, Ursache und Erkenntnißgrund seien die beiden Arten, so wird zunächst die Grenze zwischen diesen Arten durch die Definition nicht angegeben, denn dasjenige, „vermöge dessen erkannt wird", kann sehr wohl eine Erkenntniß verursachen, ohne ihr Beweisgrund zu sein; man vermißt also das spezifische Merkmal. Doch hievon abgesehen, bitte ich nun den Leser, sich ernstlich zu fragen, ob er überhaupt noch irgend eine deutliche Vorstellung

lich ist, und diese logische Folgerung ist unter der obigen Definition des Erkenntnißgrundes mitinbegriffen.

mit dem Worte Grund verbinde, wenn er weder Erkenntnißgrund, noch Ursache, sondern einen höheren Begriff damit bezeichnet haben will, der beide umfasse. Mit der erwähnten populären Definition sind wir so recht mitten in das Nest des alten Irrthums hineingerathen, den zu zerstören eben das Ziel unserer scharfen Unterscheidungen war. An der Erdichtung einer gemeinsamen Wurzel der Ursache und des Erkenntnißgrundes und aller damit verbundenen Begriffsverwirrung hat nämlich hauptsächlich die Sprache Schuld. Man hat sich mit einem Worte betrogen.

Wie uns Menschen des neunzehnten Jahrhunderts von Jugend auf die Geistesschätze der vergangenen Jahrtausende überliefert werden, so sind wir auch die Erben einer Masse tausendjährigen Irrthums. Von allen Seiten dringt er auf uns ein — aus der Lektüre, aus dem Gespräch, aus dem Unterricht — ja schon mit der Muttersprache lernt das Kind viel Falsches. — Zu jener Zeit, als die Sprachen entstanden, war die Weltanschauung der Völker höchst unvollkommen, und ihre von vornherein großentheils mythische Auffassung, nicht lauter wirklich Gegebenes und lauter richtige Begriffe, prägten sie in ihren Sprachen aus [1]). Durch die zunehmende Cultur wurden diese zwar allmählich umgestaltet, doch haben wir auch heutigen Tages an den Sprachen durchaus nicht etwa eine treue vollständige Abspiegelung der Welt in Begriffen, sondern mangelhafte und wandelbare Produkte des Volksbewußtseins. Es dauert lange, ehe sich neue Einsichten bevorzugter Geister so weit Bahn brechen, daß sie in der Sprache förderliche Veränderungen hervorbringen, während andererseits Modethorhei'en, Hang zu vornehmem Ton, absichtliche Verdrehung des Sinnes der Worte noch obenein verderblich wirken. Beiderlei Einflüsse berühren jedoch den Kern der Sprache wenig, dessen Weiterentwickelung mit den Fortschritten und Rückschritten der Wissenschaften und Künste niemals gleichen Schritt hält. Unsere gegenwärtige deutsche Sprache drückt eine Weltanschauung aus, mit der sich ein wohlgebildeter Mann vielfach im Widerspruch befinden muß. Diese Weltanschauung ist auch widerspruchsvoll in sich selbst. Wer nicht bei

---

[1]) Die Etymologen haben uns belehrt, daß die Sanskritwurzeln nicht vollständige Anschauungen der Dinge bezeichnen, sondern nur besonders auffallende Merkmale derselben, „Anschauung der Anschauung."

den anerzogenen nationalen Vorstellungen ruhig stehen geblieben, sondern zu wissenschaftlichen Kenntnissen und eigenen philosophischen Begriffen gelangt ist, wird, wenn er darauf achtet, täglich und stündlich zwischen der Sprache, deren er sich im Verkehr mit Andern gewöhnlich bedient, und der Sprache, die er zu Gleichgesinnten redet oder reden möchte, einen großen Unterschied bemerken[1]).

Wenn man ein Buch in einer fremden Sprache lies't, die man noch nicht genügend kennt, und einen Andern nach der Bedeutung eines Wortes fragt, so wird dieser sich nicht selten erst nach dem Zusammenhange erkundigen, ehe er Auskunft ertheilt. Sehr häufig ist es schlechterdings unmöglich, ein Wort zu definiren, d. h. für alle die verschiedenartigen Dinge, welche Ein Wort bezeichnet, Einen gemeinsamen Begriff zu finden. Einige Seiten in irgendwelchem Lexikon können Jeden davon überführen. Die etymologische Forschung weis't zwar eine ursprüngliche Bedeutung nach, diese findet sich aber keineswegs immer in allen abgeleiteten wieder; die Wörter haben oft seltsame Geschichten erlebt und sind sogar zu entgegengesetzten Bedeutungen hinübergewandert. Dabei zeigt sich vorzüglich das Denken in Bildern als eine Quelle der Sprache. Alle Wörterbücher enthalten eine Menge figürlicher Bedeutungen, die bildliche Vorstellungsweise reicht aber noch weit darüber hinaus in den sogenannten eigentlichen Sinn hinein. Wenn man hört, das Chinesische könne „im Hause" nicht anders ausdrücken, als etwa durch Zusammenstellung der im Chinesischen Haus und Bauch bedeutenden Substantiva, so mag man nicht zu sehr erstaunen, denn die ursprünglichen Bedeutungen unserer Präpositionen und Conjunktionen sind ebenfalls weit entfernt von ihrem heutigen abstrakten Sinne[2]). Besonders überträgt die Sprache gern die anschaulichen räumlichen Verhältnisse auf anderartige Beziehun-

---

[1]) Es liegt mir jedoch fern, willkürliche Mißhandlung unserer in vieler Hinsicht weisen und schönen Sprache für erlaubt zu erklären, die ihrer Schwächen ungeachtet so unvergleichlich höheren Werth, als Hegelsche Terminologie, besitzt, wie Mutterwitz und ein edles Herz besser sind, als unverdaute Gelehrsamkeit und ein des Absoluten voller Mund. Obgleich Reformen, nämlich solidere Begriffsbestimmungen für die Worte mitunter nothwendig sind, muß doch jede Abweichung vom üblichen Gebrauche sorgfältig angegeben und ein Recht dazu bewiesen werden.

[2]) Für Aufklärung über die hier angedeuteten Entwickelungen ist vorzüglich das Studium der griechischen Partikeln in Homers Gedichten lehrreich.

gen, und hieraus erklärt sich, daß sowohl Ursachen, als Erkenntnißgründe den Namen Grund empfangen haben. Dieser Name gilt nicht einem gemeinsamen abstrakten Begriffe, dessen Vorhandensein Schopenhauer, durch die Sprache verführt, in gutem Glauben voraussetzte, sondern einem von räumlicher Lage hergenommenen gemeinsamen Bilde[1]). Hinc illae lacrimae! So wenig, wie allen durch Wörter masculini generis bezeichneten Gegenständen Männlichkeit als gemeinsame Eigenschaft innewohnt, so wenig giebt es ein dem Worte Grund entsprechendes Gattungsmerkmal für causa und ratio.

Ihrem Inhalte nach haben diese beiden Begriffe, abgesehen natürlich von solchen weiten Analogieen, die noch hundert andere Begriffe mit ihnen zugleich verbinden, gar nichts mit einander gemein, wohl aber treffen sie mitunter in ihrem Umfange zusammen. Zwar ist dargethan worden, daß etwas Ursache einer Erkenntniß sein kann, ohne ihr Grund zu sein; ferner leuchtet ein, daß etwas, dessen man sich bewußt ist, zureichender Grund für ein anderes Urtheil sein kann, ohne dieses wirklich herbeizuführen; — wenn man die logischen Consequenzen aller seiner Meinungen wüßte, wie viele Vorurtheile hätte man längst aufgegeben, wie viel besser stünde es um menschliche Einsicht! Doch ereignet es sich auch häufig, daß von der Ursache auf die Wirkung geschlossen wird, und dieser Umstand hat wesentlich zu der Confusion mitbeigetragen. Daraus zu schließen, Erkenntnißgrund und Ursache seien homogene oder gar identische Begriffe, heißt gerade so verfahren, als ob man alle verschiedenen Eigenschaften eines Dinges — Farbe, Schwere, Elastizität, Größe, Gestalt u. s. w. — deßhalb, weil sie an demselben Dinge vorkommen, in einen Topf werfen wollte. Um sich eine klare Anschauung des Verhältnisses zwischen den Begriffen der Ursache und des Erkenntnißgrundes zu verschaffen, stelle man sich zwei Kreise in verschiedenen parallelen Ebenen vor, die theilweise über einander liegen.

Zu unzähligen Malen sind die logische Begründung und die

---

[1]) Zur Erinnerung an den ursprünglichen Sinn mögen die Beispiele dienen: Grundlage, Grundmauer, Meeresgrund, Ankergrund, Thalgrund, Amselgrund, Abgrund, steiniger Grund, Grundbesitz, Grundsteuer, Kaffeegrund, Grundeis, Grund unter den Füßen, auf den Grund kommen, zu Grunde gehen u. A. m.

Caufalität mit einander vermengt und verwechfelt worden, und diefe Un-
genauigfeit hat in der Philofophie von den älteften Zeiten bis auf die
Gegenwart beträchtlichen Schaden angerichtet. „Klein ift die Wiege des
Großen"; in Folge eines geringfügigen Verfehens, das im Anfatz begangen ift, verrechnet man fich oft um bedeutende Summen. Wie verderblichen Einfluß hat nicht z. B. die aus jener Confufion entfprungene, weit
verbreitete Meinung ausgeübt, die abftraften Gattungsbegriffe feien die
fchöpferifchen Prinzipien der Wirflichkeit! Weil vom Allgemeinen
auf das Befondere gefchloffen wird, Erfteres infofern alfo Erfenntniß-
grund ift, bildete man fich häufig ein, das Allgemeine fei darum auch die
reale Urfache, πρότερον τῇ φύσει, und das Befondere gehe aus dem
Allgemeinen erft fpäter hervor.

Var nicht die beliebige Vertaufchung des Grundes mit der Urfache
für Spinoza ein Hauptmittel, um feine thörichten metaphyfifchen Lehrfätze zu demonftriren? Durch diefen Kunftgriff brachte er Beweife zu
Stande, die ihm fonft unmöglich gelungen wären. Seine „definitio-
nes seu essentiae" find mit wunderfamer Thatfraft ausgerüftet;
überall arbeiten fie tapfer mit an der Verurfachung, an der Realität,
und bei vorzüglich wagehalfigen Unternehmungen fcheut Spinoza fich nicht,
geradezu fich eines Zwitterwefens „ratio seu causa" zu bedienen, damit die Vereinigung beider das gewünfchte Refultat erziele, wie das Bünd-
niß des Blinden und des Lahmen in der Fabel.

Zu der Menge von Irrthümern, welche aus der hier aufgedeckten
Quelle gefloffen find, gehört auch Herbarts Lehre über die Caufalität.

Herbart.

Leider ift diefer zu fcharfer Sonderung fo geneigte und fo befähigte
Denfer fich des Unterfchiedes zwifchen Verurfachung und Begründung
nicht klar bewußt geworden; er hat zwar darüber nachgefonnen, aber keine
beftimmte Grenze feftgeftellt. Die oft beklagte Dunfelheit feiner metaphyfifchen Schriften rührt zum Theil aus dem Mangel an Entfchie-
benheit im Gebrauche der Wörter Grund und Folge her.

Die „Hauptpunkte der Metaphyfik" beginnen mit einer ſkep-
tiſchen Beſprechung der Frage: „Wie können Gründe und Folgen zuſam-
menhängen?" Faſt alle Schwierigkeiten, welche Herbart ſich hier berei-
tet, entſtehen daraus, daß er die logiſche Begründung als eine Art der
Verurſachung auffaßt. Der Grund ſoll, gleichſam handelnd, die Folge
erzeugen, ſie ſoll aus ihm werden, hervorgehen, er ſoll ihr Ur-
heber ſein. Das logiſche Verhältniß wird auf das Gebiet der wirken-
den Urſachen, der Veränderungen hinübergeſpielt, wobei natürlich Uebel-
ſtände eintreten, an denen jedoch die Begriffe ſelbſt vollkommen unſchul-
dig ſind. Es iſt leicht begreiflich, daß Herbart ſo dazu kam, vom Erkenntnißgrunde mehr zu fordern, als derſelbe leiſten kann; denn er bür-
dete ihm das Geſchäft der Urſache auf, er verlangte von ihm Aktivität; dadurch verwickelte er ſich in Widerſprüche. Allein in ſolcher Ver-
miſchung zweier verſchiedener Dinge findet man den Schlüſſel zum Ver-
ſtändniſſe des ſonſt unverſtändlichen erſten Abſchnitts.

Die Verwirrung erſtreckte ſich aber noch weiter und tiefer. Herbart
übertrug auch umgekehrt auf die Verurſachung, was nur der logiſchen
Beziehung zukommt. Es liegt nämlich, wie früher erörtert worden, nicht
im Weſen des Erkenntnißgrundes, daß er dem Gefolgerten der Zeit
nach vorangehe. Da Herbart nun den Unterſchied zwiſchen Grund und
Urſache verkannte, ließ er ſich durch die Zweideutigkeit der Ausbrücke zu dem ſchlimmen Fehler verleiten, die Cauſalität ebenfalls
von der Zeitfolge loszureißen und zu erklären: „Das echte Cau-
ſalverhältniß iſt an ſich zeitlos [1])." „Im Cauſalbegriffe liegt gar keine
Zeitbeſtimmung [2])." „Die Cauſalität hat gar nichts mit der Zeit gemein [3])."
Eine ungeheuerliche Behauptung!! Kann bei ſolcher „Cauſalität" im Ernſte
noch von Wirkung, von Erfolg die Rede ſein? Herbart geſteht ſelbſt,
als Reſultat ergebe ſich: „Jedes bleibt, was es iſt [4])." Behält dabei das Wort Cauſalität überhaupt noch irgend eine Spur von ſeinem
Sinne oder wird nur ein hohler Schall uns übrig gelaſſen? — wofern
man nicht die logiſche Begründung oder ſonſt etwas Fremdartiges
unterſchiebt!

---

[1]) Werke III 433.   [2]) Werke IV 128.   [3]) Werke V 309.
[4]) Werke IV 142.

Was Herbart, nachdem er dem Worte willkürlich seine Bedeutung genommen hatte, nunmehr Causalität benamſte, war in der That ein ganz anderes Verhältniß, als das zwiſchen Urſache und Wirkung, es war die Inhärenz. Seine Meinung erhellt aus folgenden Stellen, in welchen man Verurſachung und Begründung ziemlich bunt durch einander gehen ſieht: „Es bietet ſich ſogleich dar, daß A, der Gegenſtand der abſoluten Poſition, ſich zu dem inhärirenden a und b nur als Grund zur Folge verhalte und keineswegs umgekehrt ...[1])“ „Keine Subſtantialität ohne Caufalität[2]).“ „Das reale Weſeu, das wir Subſtanz nennen, kann nicht von ſelbſt Subſtanz ſein, oder mit anderen Worten: es kann nicht ſelbſt die Schuld tragen“ (d. h. doch verurſachen), „daß in dem Begriffe, welchen wir von ihm bekommen haben, ſich Vielheit und Einheit widerſprechen[3]).“ „Der Caufalbegriff, ſo wie ihn das Problem der Inhärenz herbeiführt, enthält keine Zeitbeſtimmung. Die Urſache iſt weder früher, noch ſpäter, als die Wirkung. Sondern eben jetzt, indem wir die Inhärenz widerſprechend finden, erklären wir die Subſtanz für unzureichend, ihre Accidenzen zu begründen: eben jetzt ſagen wir, daß ſo viele Urſachen vorhanden ſein müſſen, als Accidenzen[4]).“ „Was hieß denn urſprünglich: A und B ſind zuſammen? Es hieß: ſie ſind im Caufalverhältniß. Nun aber kennen wir die Selbſtſtändigkeit jedes realen Weſens; als zwei Selbſtſtändige ſind ſie von keinem gegenſeitigen Verhältniſſe abhängig ...[5])“ „Die Caufalität nach dem metaphyſiſchen Begriffe iſt nur Selbſterhaltung. Die Seele, ein reales Weſen, erhält ſich[6]).“

Ein reales Weſen iſt nach Herbart nie an und für ſich Subſtanz; erſt die Gemeinſchaft mit mehreren Realen verhilft ihm zu Accidenzen; „es giebt gar keine Attribute, als Correlate der Subſtanz[7]).“ Dieſe eigenthümliche Theorie der Subſtantialität läßt ſich außer ihrem Zuſammenhange mit den „Störungen und Selbſterhaltungen der realen Weſen“ nicht deutlich darſtellen; ich muß den Leſer deßhalb auf meine Kritik der

---

[1]) Werke IV 100. [2]) Werke IV 110. [3]) Werke IV 111.
[4]) Werke IV 115.
[5]) Werke IV 166. Nicht nur ohne Succeſſion, ſondern auch ohne Abhängigkeit findet nach Herbart alſo Caufalbeziehung Statt.
[6]) Werke II 320. [7]) Werke IV 111.

Metaphysik Herbarts verweisen, in welcher die Lehre von der starren Unveränderlichkeit des Seienden analysirt wird, auf die jene Theorie sich stützt, und mich hier auf die Bemerkung beschränken, daß bei Herbart der Grundanlage seines Systems gemäß für wirkliche Veränderung, für wirkliches Werden, also auch für wirkliche Causalität kein Platz ist.

Mit seinem alles denkbaren Inhalts beraubten Begriffe der Verursachung wußte Herbart selbst nichts anzufangen, wie zu erwarten stand. Diese leere Hülse genügte ihm nirgends, wo er Naturgesetze wirklichen Geschehens erforschen wollte, z. B. in der Psychologie. Er sah sich daher zu der bedenklichen Concession genöthigt, sein metaphysischer Causalbegriff umfasse nicht alle Causalität, es gebe noch mehrere andere Causalbegriffe. „Dieser metaphysische Causalbegriff nun ist lediglich deßhalb schwer zu fassen, weil unsere im Leben und Handeln vorkommenden Causalbegriffe aus einem ganz anderen Kreise hervorgehen. Der Uebersicht und Unterscheidung wegen zähle man wenigstens drei verschiedene Causalbegriffe[1].“

Die metaphysische Verursachung wäre also eine Art der Causalität neben anderen Arten. Durch welche Merkmale diese sich aber jener ähnlich zeigen, mit welchem Rechte sie zu derselben Gattung, wie jene, gerechnet werden, giebt er nicht an, und konnte er auch nicht angeben, denn sie stimmen in nichts überein, als eben in der Bezeichnung. Indem Herbart die Inhärenz umtaufte und „Causalität“ titulirte, that er also nichts weiter, als einen Namen ohne jede Rücksicht auf seine eigentliche Bedeutung und Anwendung einer Sache beizulegen, die nichts in aller Welt mit den bisher dadurch bezeichneten Dingen gemein hat. Die unglückselige Neuerung, welche er sich erlaubte, gleicht einer kühnen Usurpation des landesüblichen Stempels für eigene Münze von anderem Metalle.

---

[1] Werke II 320. Die hier angeführten Begriffe, der psychologische und der praktische, haben jedenfalls auf Succession Beziehung.

Trendelenburg.

Auch Trendelenburgs metaphysisches System ist durch häufige Vermengung der Causalität mit logischen Verhältnissen, insbesondere mit denen der wechselseitigen Zusammengehörigkeit, in eine mißliche Lage gerathen. Wo Schopenhauer die aparte Klasse der Seinsgründe einführte — in der reinen Mathematik — da spricht Trendelenburg, ohne im Mindesten Anstößiges darin wahrzunehmen, von Causalität, als ob bloße geometrische Figuren in der Rolle der causae fiendi auftreten und Wirkliches bewirken könnten. Nach seiner Ansicht „erzeugt" z. B. der Punkt die Linie, die Linie die Fläche u. s. f. Aller Raum soll nämlich erst durch Bewegung entstehen. „Wie die Vorstellung den Raum erst dehnen und schaffen muß, so dehnen und schaffen ihn außer uns ewige Kräfte [1]." „Der Punkt, den wir vorläufig setzen, strebt über sich selbst hinaus und dehnt sich zur Linie; die Linie bewegt sich aus sich heraus und erweitert sich dadurch zur Fläche; die Fläche beschreibt durch ihre Bewegung einen Körper. Es ist ein scheinbarer Widerspruch, daß der Punkt aus sich heraustritt; es ist dies aber nichts Anderes, als die lebendig quellende Bewegung selbst, in den Anfang, wie in den kleinsten Raum, zusammengedrängt [2]." „Indem jeder Punkt der Fläche aus sich herausstrebt und sich zur Linie dehnt, entsteht durch diese aus der Fläche erhobenen Linien der Körper. Dadurch sind nun offenbar die inneren Punkte des Körpers umschlossen, so daß sie sich alle gegenseitig hemmen und binden, und nur die Punkte der Seitenflächen frei daliegen, um den Körper fortzusetzen [3]." Die „Allem gemeinsame", „in sich einfache" Bewegung ist das öde Meer, in welchem Trendelenburg ruhig die Gegensätze leise verschwimmen läßt.

Dazu gesellt sich ferner in den „logischen Untersuchungen" dieses Gelehrten das zweite Grundübel der Herbartschen Causaltheorie, die Verwechselung der Verursachung mit der Inhärenz. Trendelenburg hat sogar ausdrücklich behauptet: „Die Kategorieen der Causalität und

---

[1] Logische Untersuchungen V 9. [2] Logische Untersuchungen V 11.
[3] Logische Untersuchungen V 11.

Inhärenz grenzen sich keineswegs so streng gegen einander ab[1]).“ „Diese Begriffe bilden keinen Gegensatz ... Die Inhärenz schlägt über in die Causalität[2]).“ Es dürfte nicht überflüssig sein, die dabei leicht unbeachtet durchschlüpfenden Trugschlüsse, welche ich schon andeutete, indem ich die logische conditio sine qua non der Aufmerksamkeit des Lesers empfahl, einmal an das Licht zu ziehen; zumal ohne besagte Verwechselung Trendelenburgs ganze Construction der Welt aus einem produktiven Abstrakten wohl schwerlich von Statten gegangen wäre.

Mit dem bildlichen Ausdruck Inhärenz pflegt man zweierlei zu bezeichnen: sowohl das Verhältniß des Subjekts zum Prädikat im kategorischen Urtheil[3]), als das der Substanz zu ihren Accidenzen[4]). Diese

---

[1]) Logische Untersuchungen VII 12.   [2]) Logische Untersuchungen XIV 4.

[3]) Bekanntlich werden die Urtheile in Urtheile des Umfangs, welche die Arten eines Begriffs aufzählen, und Urtheile des Inhalts, welche die Merkmale des Subjekts angeben, eingetheilt, und jene disjunktive, diese kategorische genannt.

[4]) Substanzen nennen die Gelehrten entweder bloß solche Dinge, die als ewig beharrlich angesehen werden, oder sie bedienen sich des Fremdworts schlechthin anstatt des deutschen Wortes Ding, und dies ist seine gewöhnliche Bedeutung im philosophischen Sprachgebrauch. Auch Trendelenburg hat sich unter Substanzen meistens die Dinge im Gegensatze zu ihren Thätigkeiten vorgestellt, obgleich seine höchst unbestimmte Definition der Substanz hinreichend weiten Spielraum läßt, um gelegentlich auch Anderes nach Belieben als Substanz zu behandeln. Logische Untersuchungen XIII, 1, sagt er: „Der Begriff bleibt die substantielle Form eines geistigen Inhalts. Es ist aber das Wesen einer Substanz, daß sie relativ selbstständig als ein Ganzes in sich abgeschlossen und Quelle von Accidenzen sei.“ Er sagt selbst hinzu: „Da aber auch das endliche Ding nicht schlechthin selbstständig ist, so ist der Gegensatz nicht fest. Die endliche Substanz beharrt als ein Ganzes im Raume, während sich die Thätigkeit gleichsam von ihr ablöst und entweder flüchtig den Raum durchläuft oder gar nur in der Zeit erscheint. Aber wie die Substanzen im Raume, so scheiden sich die Thätigkeiten in der Zeit, und der Geist schließt sie in diesem Elemente zu einem Ganzen ab. Endlich ist keine Thätigkeit so arm, daß sich zu ihr nicht andere Thätigkeiten, wie Accidenzen zur Substanz verhalten sollten. Je mehr sie eine erzeugende Kraft hat, je mehr sie sich unterscheidet oder Anderes erregt, desto mehr ist sie, wie die Substanz, Quelle von Anderem. In diesen drei Punkten liegt die Möglichkeit, daß die Thätigkeit die substantielle Form des Begriffs annehmen kann. Die Thätigkeit ist zur Sache geworden, wenn von ihrem Begriffe die Rede ist.“ Schließlich wäre also Alles Substanz, wovon wir nur immer einen Begriff haben; Begriff wäre die substantielle Form, und Substanz wäre, was die substantielle Form hat! —

Die Eigenschaften, Zustände, Veränderungen, Verhältnisse eines Dinges, kurz was einem Dinge Theils vorübergehend, Theils bleibend, so lange es überhaupt besteht, als Merkmal angehört, faßt man unter dem Namen Accidenzen zusammen.

beiden Verhältnisse betrachtete K a n t in seiner transscendentalen Logik als völlig congruent, sie decken sich aber durchaus nicht. Zum Subjekte eines kategorischen Urtheils kann jedes Vorgestellte gemacht werden, es braucht nicht immer eine Substanz zu sein; das Verhältniß zwischen Subjekt und Prädikat ist ein allgemeineres, als das zwischen Substanz und Accidens. Hier, wo es sich nur um letzteres handelt, ist das Wort Inhärenz demnach in e n g e r e m S i n n e zu nehmen. Trendelenburg freilich, der einen vollständigen Parallelismus zwischen „Denken und Sein" durchzuführen bestrebt war, setzte öfters Verhältnisse zwischen Vorstellungen und zwischen Wirklichem einander gleich, die sich nicht genau entsprechen: so hat er auch den Unterschied zwischen Subjekt nebst Prädikat und Substanz nebst Accidens unbeachtet gelassen; seine Untersuchung über die Inhärenz laborirt deßhalb sehr an Zweideutigkeit.

Wenn nun im kategorischen Urtheil die V o r s t e l l u n g des Subjekts uns veranlaßt, das Prädikat demselben zuzuerkennen oder abzusprechen, so folgt daraus doch gar nicht, daß die Substanz ihre Accidenzen hervorbringe oder vernichte.

Wenn ferner Trendelenburg seine Behauptung, die Begriffe der Inhärenz und der Causalität seien nicht streng von einander abgegrenzt, sondern schlagen in einander über, durch den Satz: „die Substanz ist in ihrer Eigenschaft causal[1])", begründet zu haben glaubt, so ist zu erwidern: Daraus, daß zu den Accidenzen einer Substanz auch Causalbeziehungen ihrer Zustände zu einander und zu denen anderer Substanzen gehören, daß in ihren Accidenzen Causalität enthalten ist, folgt keineswegs, daß die Substanz sich zu ihren Accidenzen causal verhalte.

Nach Trendelenburg ist die T h ä t i g k e i t das reale Gegenbild des Prädikats, die Accidenzen sind ihm lauter Thätigkeiten, und Aktivität gilt ihm als Wesen der Substanz[2]). Ihm schwebte offenbar als Normalurtheil ein solches vor, dessen Prädikat nebst Copula durch eine aktive Form eines transitiven Verbums ausgesprochen werden kann. Wie aber, wenn es eine passive Form oder ein intransitives Verbum ist? Wie aber, wenn das Ding nicht bloß wirkt, sondern auch Einwirkungen er-

---

[1]) Logische Untersuchungen XIV 4.
[2]) Logische Untersuchungen XII 3.

führt, oder wenn das Merkmal, welches von ihm ausgesagt wird, weder in einem Thun, noch in einem Leiden, sondern etwa in einer Bestimmung der Größe oder Gestalt besteht? Sollte man wohl, wenn man solche Fälle erwägt, noch zu der Meinung geneigt sein, die Substanz erzeuge alle ihre Accidenzen?

Man stellt sich die Substanz gern bildlich als selbstständigen Träger der Accidenzen vor, als das ihnen zum Grunde Liegende, τὸ ὑποκείμενον[1]). Dies Bild führt leicht irre, denn es bietet den Anschein, als ob die Accidenzen der Substanz als einer Stütze bedürften, diese ihrer aber nicht bedürfte. Eine Substanz kann aber eben so wenig ohne Accidenzen gedacht werden, wie umgekehrt; fragt man: was ist dies Ding? so kann man nicht anders antworten, als durch Angabe seiner Accidenzen, daohne ist es gar nichts. Ding ohne Eigenschaften, Substanz ohne Accidenzen ist ein sich widersprechender Begriff[2]). Faßt Jemand nun einseitig den Umstand in's Auge, daß Accidenzen eine Substanz voraussetzen[3]), und verwechselt Jemand obenein diese Beziehung zweier Begriffe auf einander, diese logische Bedingtheit mit der Causalität, so wird er sich natürlich der Einbildung nicht erwehren können, die Substanz sei die Ursache ihrer Accidenzen, Inhärenz sei Causalität. Auf demselben Wege gelangt man zu der falschen Ansicht, das Ganze produzire seine Theile, wie denn auch Trendelenburg in der That erklärt hat: „die strengste Form der Inhärenz ist das Verhältniß der im Ganzen innewohnenden Theile; da aber das Ganze die Theile trägt und zu dem macht, was sie sind, so schlägt auch hier die Inhärenz in die Causalität über." Das Ganze soll demnach vor den Theilen sein und die Theile erzeugen. Kann denn das Ganze jemals ohne seine Theile sein? Was ist eine ganze Kutsche, wenn sie noch keine Räder, keine Achsen, keinen Kasten hat? Wie schmeckt ein gebratenes ganzes

---

[1]) Dies Wort besagt eigentlich fast dasselbe, wie ὑπόθεσις.

[2]) „En distinguant deux choses dans la substance, les attributs ou prédicats et le sujet commun de ces prédicats, ce n'est pas merveille, qu'on ne peut rien concevoir de particulier dans ce sujet." Leibniz Nouv. ess. II ch 23 §. 2. Vgl. Kant Kr. d. r. V. pag. 329.

[3]) Es ist bereits oben erörtert worden, daß mitsetzen der präzisere Ausdruck ist.

Huhn — ein richtiges organisches ganzes Huhn — das im Uebrigen fertig ist, nur seinen Kopf, seinen Rumpf, seine Flügel und seine Beine erst machen soll?

Trendelenburg selbst hat anderswo bemerkt: Das Ding ist nur in und durch seine Eigenschaften, das Ganze ist nur in und durch seine Theile. Die Accidenzen sind nicht wie der bloße angehängte Zierath, wie das Geschnörkel eines Schriftzuges ..."[1] Zwar begegnet uns auch hierin wieder die Verwechselung der logischen conditio sine qua non mit der Ursache, wie das „durch" verräth, und, da derselbe Philosoph die Substanz zugleich als Ursache ihrer Accidenzen auffaßt, entspinnt sich sogar eine unmögliche Wechselerzeugung beider; aber es wird doch unverhohlen zugestanden, daß ein Ding nichts ist ohne Eigenschaften. Die Substanz, welche, sei es als Träger, sei es als Quelle, von allen ihren Accidenzen gesondert existiren und diese erst hervorbringen soll, ist eines der Undinge, die das menschliche Denken sich durch Hypostase der Abstraktionen, durch Verwandelung des Relativen in Absolutes aufgebürdet hat. Ist aber die Substanz nicht vor allen ihren Accidenzen vorhanden, so kann sie auch nicht deren Ursache sein, so ist Inhärenz nicht Causalität[2].

Zur Verschmelzung dieser Begriffe hat endlich die Vergleichung der hypothetischen Urtheile mit den kategorischen nicht wenig beigetragen. Eine richtige Bemerkung ist dabei, indem sie mißverstanden wurde, dem Irrthum zu Hülfe gekommen. Ich stimme Trendelenburg darin bei, daß er die Dreitheilung der Urtheile in kategorische, hypothetische und disjunktive verwirft und Zweitheilung in Urtheile des Inhalts und des Umfangs will; aber ich verneine, daß aus der Befugniß, die kategorischen und hypothetischen Urtheile zusammenzuordnen, Causalverhältniß zwischen Subjekt und Prädikat in ersteren zu folgern sei. Zunächst muß ich darauf aufmerksam machen, daß der Vordersatz in hypothetischen Sätzen durchaus nicht immer die Ursache dessen angiebt, was der Nachsatz aussagt, sondern ebensowohl den Erkenntnißgrund enthalten kann. Die

---

[1] Logische Untersuchungen VII 10

[2] Wenn etwas, was in einer Substanz geschieht, eine neue Veränderung derselben bewirkt, so ist jenes Geschehene Ursache.

6*

Sprache darf uns nicht durch ihre Ungenauigkeit täuschen, für beide Fälle dieselben Wörter (Bedingung und Bedingtes oder Grund und Folge) zu gebrauchen. Wenn wir uns aber auch auf diejenigen hypothetischen Sätze beschränken, welche in der That Ursache und Wirkung bestimmen, so ergiebt sich doch ein ganz anderes Resultat. Reduziren wir sie auf die Form des kategorischen Urtheils! Wird aus dem Urtheil: „Wenn Hypothesis ist, so geschieht Consequens" etwa „H. ist C."? — „die Ursache ist die Wirkung"? Gewiß nicht! Solche Gestalt müßte das hypothetische Urtheil aber annehmen, wenn die Wirkung ohne Weiteres als Prädikat gelten sollte. Das Urtheil wird vielmehr lauten müssen: „H. hat immer C. zur Folge, oder strenger formulirt: „H. ist ein Solches, welches immer C. zur Folge hat." Nun sehen wir allerdings, daß dieser Satz genau denselben Sinn, wie der hypothetische, ausdrückt, wir überzeugen uns, daß nur ein grammatischer Unterschied, kein logischer vorliegt; aber wir erkennen zugleich, daß das Subjekt so wenig, wie in irgend einem andern kategorischen Urtheil, die Ursache des Prädikats ist, denn Subjekt ist H., und Prädikat ist: ein Solches, welches C. zur nothwendigen Folge hat; zwischen diesen findet wohl Inhärenz in weiterem Sinne, aber keine Causalität Statt [1]).

[1]) Steinthal hat in seinem vorzüglichen Werke „Grammatik, Logik und Psychologie" die Ansicht aufgestellt, das ganze hypothetische Verhältniß scheine eine der Logik durchaus fremde Kategorie zu sein, die Logik scheine hier etwas der Grammatik Angehöriges entlehnt zu haben (pag. 171). Sollte er dabei nicht etwas übersehen haben? Die hypothetischen Sätze zerfallen nach den in ihnen ausgesprochenen hypothetischen Urtheilen in zwei Klassen, die man trennen muß. Der Unterschied ist fein; es kommt die Frage in Betracht, auf welche der Satz die Antwort giebt. Entweder wird gefragt: was folgt, wenn....? Die Hypothesis ist gegeben, die Consequenz ist zu bestimmen; erstere ist logisches Subjekt, letztere das zu findende logische Prädikat. Diese Klasse läßt sich auf die logische Form des kategorischen Urtheils zurückführen, wie oben gezeigt worden ist. Oder die Frage richtet sich auf das durch den Nachsatz Auszusagende allein — „ist C. zu bejahen?" Das Subjekt des Nachsatzes ist logisches Subjekt, sein Prädikat logisches Prädikat, und die Antwort lautet: „A ist B, wenn H. ist." Anstatt des kategorischen Urtheils kann in diesem Falle ein Urtheil des Umfangs stehen, worüber ich jedoch hier mit Niemand streiten will, denn das ist gleichgültig für die Lösung des Problems, ob hypothetische Urtheile dieser Art eine ausgezeichnete logische Eigenthümlichkeit haben. Solche besitzen sie allerdings, aber nicht nach der sogenannten Kategorie der Relation, sondern hinsichtlich der Modalität, und für diese logische Eigenthümlichkeit hat auch die Sprache eine besondere Form.

Während Herbart die Causalität abhanden kommen und die Inhärenz sich des ihr entzogenen Wirkungskreises bemächtigen läßt, verschlingt

den sogenannten conditionalen Modus. Auf viele Fragen antwortet man in
der Form: „A würde in gewissen Fällen B sein" — „Es ist nicht unbedingt zu behaupten, A sei B, würde aber stattfinden, wenn ...." Es leuchtet
ein, daß dies eine Art des problematischen Urtheils ist; man hört häufig „hypothetisch" für „problematisch" sagen und umgekehrt. Dem bezeichneten logischen Verhältnisse seine Stelle anzuweisen, diene folgende Tabelle der Urtheile
nach der Modalität, deren nähere Erläuterung ich mir für eine andere Gelegen-
heit vorbehalte:

I. **Assertorische** Urtheile a) unmittelbare;
   b) abgeleitete, sich auf einen Beweisgrund beziehende, apodiktische.

II. **Problematische** Urtheile a) rein problematische:
   1. uneingeschränkte (α unmittelbare, β apodiktische),
   2. eingeschränkte (nur wenn..., kann...) (α unmittelbare, β apo-
      diktische);
   b) mit Hinzufügung einer Angabe, in welchem Falle sie assertorisch
      gültig seien:
   1. hingestellt ohne Beziehung auf einen Beweisgrund (A ist B,
      wenn ...) **unmittelbare hypothetische;**
   2. mit Beziehung auf einen Beweisgrund (A muß B sein, wenn ...)
      apodiktische hypothetische.

In Bezug auf die oben den kategorischen untergeordneten hypothetischen Urtheile hat Herbart richtig bemerkt, daß die übrigen kategorischen Urtheile eben so
wenig, wie die hypothetischen das wirkliche Dasein der Hypothesis, die Existenz
ihres Subjekts versichern. Diese bleibt also, wofern sie nicht schon stillschwei-
gend angenommen ist, problematisch, woraus jedoch nicht folgt, die Gültigkeit
des assertorischen kategorischen Urtheils sei problematisch. Indem nun aber Steinthal aus jener Bemerkung den sonderbaren Schluß zieht, der Existentialsatz
lasse, logisch verstanden, die Existenz dahingestellt, schießt er weit über das Ziel
hinaus. „Durch es blitzt wird das Blitzen nicht als wirklich bezeichnet, d. h. nicht
für die Logik"! pag. 202. (Durch „es blitzt" wird etwas wirklich Wahrgenom-
menes als Blitz bezeichnet, Blitz ist Prädikat.) „Wenn der Satz: Gott regiert,
dem Logiker hypothetisch bleibt (?), weil das Subjekt der kategorischen Sätze hypothetisch ist, so bleibt ihm der Existentialsatz: Gott ist, gerade eben so hypothetisch. Denn was liegt in: Gott ist? Nicht mehr, als daß der Begriff des Seins
als Prädikat dem Begriffe Gott als Subjekt zukomme. Dieses Subjekt bleibt
aber hypothetisch, wie jedes andere"!! pag. 205 vgl. pag 208. („Gott ist" heißt
„Gott existirt wirklich", die Existenz des Vorgestellten ist Prädikat) Zuletzt bekennt er selbst: „Freilich lautet das hypothetische Verhältniß der Existentialurtheile
etwas wunderlich: wenn das Subjekt ist, so ist es, oder: so ist es seiend"!!!
(pag. 210). Ueberhaupt ist Steinthal, obwohl er in seinen scharfsinnigen Bemü-
hungen, die Logik von Unterschieden zu säubern, die nur der Grammatik angehören,
im Prinzip vollkommen Recht hat, bei dieser Reinigung doch mit etwas übertriebe-
nem Eifer zu Werke gegangen.

nach Trendelenburgs Lehre die Caufalität alle Inhärenz. Derfelbe Gegenfatz findet fich zwifchen den Syftemen diefer beiden Philofophen überall wieder. Bei Herbart, dem Erneuerer eleatifcher Anfichten, gefriert gleichfam die Welt zu ftarrem Eife, Wirkung und Leben ftirbt dahin; bei Trendelenburg ftrömt Alles über, nirgends Feftland, nirgends Infeln, Alles weggefchwemmt von der großen Fluth, fortgeriffen von der Bewegung. Bei Jenem fteht die wirkliche Gefchichte ftill und verwandelt fich in logifche Beziehung; bei feinem Gegner fpazieren die logifchen Verhältniffe ungenirt unter den realen Begebenheiten vorüber und nehmen, lebhaft thätig, an der allgemeinen Promenade des Univerfums Theil; der Subjektbegriff tanzt mit dem Prädikat Galopp, leichtfüßige Saufewinde von Accidenzen drehen fich mit einer dicken, förmlichen Subftanz im Kreife herum, und die bedächtige Frau Logik pirouettirt und voltigirt. Das Richtige liegt oftmals zwifchen zwei Extremen in der Mitte.

Aus den bisherigen Unterfuchungen ergiebt fich, daß weder Kant, noch Schopenhauer, weder Herbart, noch Trendelenburg die philofophifche Erkenntniß des Verhältniffes zwifchen Urfache und Wirkung wefentlich geförbert haben. Humes Theorie ift zwar von Allen verworfen worden, von Keinem aber widerlegt. Die Wahrheiten, welche er bereits gefunden, find in Vergeffenheit gerathen, feine denkwürdigen Fingerzeige hat man in den Wind gefchlagen, den von ihm begangenen Fehler nicht verbeffert. Mir ift kein neuerer Philofoph bekannt, dem auf diefem Felde ein Fortfchritt über Hume hinaus gelungen wäre. Das Problem fteht noch unverrückt auf der alten Stelle gerade fo, wie Hume es hinterlaffen hat.

So lange man an einem Uebel leidet, ohne fich deffelben bewußt zu werden, faßt man auch nicht den Entfchluß, ihm durch geeignete Maßregeln ein Ende zu machen. Der Philofophireude muß fich vor Allem gründlich überzeugen, daß die populären Vorftellungen im Argen liegen, damit er die nöthige Sorgfalt anwende, um ihre Mängel zu befeitigen und deutlichere Begriffe zu fuchen. Deßhalb wähle ich einen indirekten Weg zur Löfung unferer Aufgabe: ftatt fogleich zu zeigen, wie Humes Bedenklichkeiten zum Theil fich möchten heben laffen, will ich den

Leser zunächst noch mehr in Zweifel verwickeln und die Skepsis auf die Spitze treiben. Prüfen wir einmal die gewöhnlichen Causalbegriffe, indem wir zusehen, was aus ihnen zu Gunsten des kosmologischen Beweises zu entnehmen sei.

Jedes Unternehmen eines solchen Beweises stößt freilich von vornherein, ganz abgesehen von den verschiedenen Meinungen, die man etwa über die Causalität hegt, auf ein unüberwindliches Hinderniß. Es handelt sich dabei nämlich um nichts Geringeres, als um einen Schluß auf Metaphysisches, auf Transscendentes [1]). Dazu reichen aber die menschlichen Mittel nicht hin.

Um dies einzusehen, braucht man nicht die Kritik der reinen Vernunft, ein Buch von mehreren hundert Seiten, durchstudirt zu haben, sondern nur in einem gutem Compendium der Logik die Schlußfiguren, deren Anwendung gestattet ist, besonnen zu überblicken. Denn es versteht sich doch wohl von selbst, daß jeder Schluß auf Transscendentes als ein Schluß den allgemein gültigen Gesetzen des Schließens unterworfen sein müßte, und die formale Logik zählt sämmtliche erlaubte Formen des Syllogismus vollständig auf. Befindet sich unter diesen nun keine einzige, vermittelst welcher aus dem empirisch Gegebenen Transscendentes gefolgert werden darf, so ist damit erwiesen, daß solche Schlüsse überhaupt unmöglich und die vorgeblich dennoch zu Stande gebrachten eitel Trugschlüsse sind.

In der ersten Figur der kategorischen Schlüsse wird immer vom Allgemeinen auf das zugehörige Besondere geschlossen. Das Gebiet, für welches die Conclusion gilt, liegt nothwendig innerhalb des Umfangs der propositio major. Wenn die Gültigkeit dieser Prämisse innerhalb der Erfahrung gegeben ist, kann sich also die des Schlußsatzes noch weniger über die Erfahrung hinaus erstrecken. Ist uns nicht schon vorher Transscendentes unmittelbar überliefert, — mittelst dieser Schlußfigur können wir es sicherlich nicht aus dem Empirischen herausziehen. — Ebenso verhält es sich übrigens mit den hypothetischen Schlüssen, denn, um vom Dasein der Ursache auf das nachherige Eintreten der Wir-

---

[1]) Mit Kant nenne ich transscendent, was alle Erfahrung übersteigt.

lung oder von der Richtigkeit des Grundes auf die der Folgerung schließen zu können, muß ein causales oder logisches Verhältniß als das Allgemeine gegeben sein, welches einen besonderen Fall mitinbegreift, der nun
danach beurtheilt wird; desgleichen, um das Dasein der Ursache, wenn
die Wirkung ausbleibt, verneinen oder den Grund, wenn Falsches aus
ihm folgt, für falsch erklären zu dürfen.

Die Conclusion der zweiten Figur hat entweder die Form: kein
A ist B, oder: einige A sind nicht B. (A ist Subjekt des Untersatzes,
B des Obersatzes.) Sind nun A und B gegeben, so heißt das nichts
weiter, als daß sie einander ganz oder theilweise ausschließen, es folgt
ein negatives Verhältniß des Gegebenen zum Gegebenen.
Wäre aber Eines von beiden etwas bloß Erdachtes, so folgte aus
diesem negativen Verhältnisse zu einem Gegebenen gewiß nichts für seine
Realität. Wir gewinnen auch in der zweiten Figur weder ein transscendentes Prädikat für ein empirisches Subjekt, noch ein empirisches Prädikat für ein transscendentes Subjekt, also keine Brücke von der Erfahrung zur Metaphysik.

Mittelst der dritten Figur ergiebt sich für die Prädikate der
Prämissen entweder, daß das eine mit dem anderen mitunter zusammentrifft, weil das eine sich an einem Subjekte immer, das andere an
demselben wenigstens mitunter findet, oder daß das eine mit dem andern
mitunter nicht zusammentrifft, weil das eine sich an einem Subjekte
immer, das andere an demselben wenigstens mitunter nicht befindet. Im
ersteren Falle wird die Möglichkeit der Vereinigung beider Prädikate, und
auch diese nur eingeschränkt, statuirt, nämlich so weit sie an Subjekten
einer bestimmten Art zusammentreffen — es bleibt möglich, daß sie sonst
vielleicht nie zusammentreffen. Daß sie diesen Subjekten, das eine immer, das andere mitunter, zukommen, muß vorher feststehn. Die er-
schlossene partikuläre Erkenntniß, wie weit beide wirklich vereinigt
seien, geht also über den Kreis des in den Prämissen Enthaltenen nie
hinaus. Im zweiten Falle wird unter derselben Einschränkung das ge-
trennte Vorkommen beider Prädikate erschlossen.

Soll endlich mittelst eines disjunktiven Schlusses ausge-
macht werden, ob ein Gegenstand (x) zu einer Art (C) gehöre oder nicht

gehöre, so muß schon vorher bekannt sein erstens, daß x zu einer bekannten Gattung (A) gehört, zweitens, daß die Eintheilung der Gattung in Arten (B und C) erschöpfend ist, drittens, ob x B sei oder nicht. Ist nun x selbst ein empirisch Gegebenes, so kommt bei dem ganzen Schlußverfahren nichts Transscendentes in's Spiel. Wäre es aber etwas Transscendentes, so könnte auch die erste Bedingung, daß x als zu einer bekannten Gattung gehörig bekannt sein muß, nicht erfüllt sein, wofern nicht eine transscendente Gattung nebst ihrer Eintheilung unmittelbar gegeben wäre. Dann würde die transscendente Erkenntniß aber durch dies Schlußverfahren nicht erst aus dem Empirischen zu Tage gebracht.

Ein Schluß ist demnach von der Erfahrung auf Transscendentes ohne Erschleichung nicht möglich. Doch möchte Mancher vielleicht einwenden, es gäbe für metaphysische Prinzipien indirekte Beweise. Indirekte Beweise sind Beweise der Ungereimtheit des Gegentheils[1]). Wie könnten solche nun für transscendente Erkenntniß fruchtbar werden? — Wäre damit überhaupt etwas auszurichten, so müßte es offenbar in der Weise geschehen, daß man aus falschen transscendenten Urtheilen mittelst des Satzes vom Widerspruche die richtigen beduzirte[2]).

Aus Nichts erschafft man keine Urtheile. Wenn man Neues erdenkt, so geschieht es dadurch, daß man das Gegebene in neuer Weise zusammensetzt. Ein transscendentes Urtheil ist die Behauptung eines in keiner Erfahrung gegebenen Verhältnisses zwischen zwei Begriffen, die entweder selbst empirisch oder selbst bereits transscendente Verbindungen empirischer Elemente sind. Die Entstehung falscher transscendenter Urtheile beruht auf unklarer und undeutlicher Vorstellung des Empirischen,

---

[1]) In letzter Instanz ist jeder Beweis indirekt, denn alle logische Nothwendigkeit besteht in einem Widerspruche zwischen dem Gegentheile und etwas Anerkanntem. — „Ohne Widerspruch habe ich durch bloße reine Begriffe a priori kein Merkmal der Unmöglichkeit" (Kant K. d. r. V. pag. 465).

[2]) Irrige Leugnung eines wirklich gegebenen Verhältnisses findet an dem dieses bejahenden Erfahrungsurtheil ihr contradiktorisches Gegentheil; ebenso irrige Annahme, etwas sei empirisch gegeben, an dem Erfahrungsurtheile, daß es nicht empirisch gegeben ist.

welches in ihnen verbunden gedacht wird. Schärfere Analyse weif't dann nach, daß die transscendente Behauptung Widersprüche mit der richtigen Definition eines in ihr steckenden Erfahrungsbegriffes involvirt. — Aus der Widerlegung folgt nun allerdings die Richtigkeit des contradictorischen Gegentheils. Hat man bloß zwischen zwei positiv bestimmten Fällen zu wählen, so folgt aus der Verneinung des einen positiv, daß der andere stattfindet; ist es eine größere bestimmte Anzahl, so folgt, daß einer der übrigen stattfinden muß. Dazu ist aber die vorgängige Bejahung eines allgemeineren Urtheils erforderlich und die vollständige Uebersicht der verschiedenen Fälle, von denen einer eintreten muß, wenn jenes gelten soll. Fehlen die zur Erfüllung dieser Bedingung nöthigen Kenntnisse, dann haben wir an dem contradictorischen Gegentheil des widerlegten transscendenten Urtheils gar nichts weiter, als den Satz erobert: das Urtheil ist falsch. Dabei bleibt unsere metaphysische Einsicht stehen, wenn kein disjunktiver Schluß zu Hülfe kommt. Dies ist jedoch, wie schon gezeigt wurde, ohne bereits vorräthige transscendente Erkenntniß nicht möglich.

Mithin nützen uns auch indirekte Beweise durchaus nichts zur ersten Aufstellung transscendenter Prinzipien. — Hat man dergleichen einmal, ja dann ist man geborgen, dann fühlt man Land unter seinen Füßen, dann geht's lustig über alle Berge. Ce n'est que le premier pas qui coûte, sagte der heilige Dionys zu Voltaire, als er ein Stündchen ohne Kopf gewandert war; das Weitere findet sich schon. Aber wie man aus der Erfahrung durch rechtmäßige Mittel am Seile der Erkenntnißgründe sich jemals zum Transscendenten hinaufwinden könne, das eben war die Frage.

Man hüte sich vor dem ersten Schritte! Thront ihr aber schon mitten in den Luftschlössern einer kühnen Metaphysik, seid ihr schon befangen in ihrer Mährchensphäre, — und wer wäre niemals in sie eingegangen, welcher Denker wäre nicht einmal jung gewesen und hätte nicht unbewußt gedichtet? — seid ihr schon verstrickt in selbstgeflochtenen Schlingen; so schauet auf den Weg zurück, auf dem ihr euer vermeintliches transscendentes Wissen erworben habt, und erinnert euch des Orts, von wo ihr ausgingt. Sollte euch diese Selbstkritik jedoch zu scher fallen und zu unbehaglich erscheinen, so achtet wenigstens auf die Fehltritte, durch welche so viele eurer Gefährten auf schwindligem Stege von Gletschern in Abgründe versunken sind, und leset zur Beruhigung metaphysischer Leidenschaften Lucians Dialog de sectis, das köstliche Meisterwerk eines aufrichtigen Freundes echter Philosophie, der ernste Warnung, bittere Wahrheit und schonungslose Satyre mit unnachahmlicher Anmuth sonnenklarer Rede zu versüßen und zu verstärken wußte.

Doch man möchte so gern die Schranken der Erfahrung überfliegen. Sind Sie vielleicht schon einmal geflogen, Herr Professor? „Zweifeln Sie daran? Warum denn nicht? Bekanntlich sah man mich schon öfters fliegen! Die erhabenen Geistesflüge, zu welchen ich mich, durch inständige Bitten meiner Bewunderer und das dringende Bedürfniß der Nation bewogen, in meiner neuesten Logik und Metaphysik für das Wohl des Staats herbeigelassen, finden Sie in allen gelehrten Zeitschriften Utopiens nicht nur vom Verleger, sondern auch von sachverständigen Autoritäten als ein non plus ultra gediegener Spekulation sowohl dem Publikum, wie den Buchhändlern mit den ehrenvollsten Ausdrücken angezeigt und warm empfohlen! Wie! Ich, ein anerkannter Stimmführer des modernen wissenschaftlichen Bewußtseins, in welchem die Idee des immanenten Weltgeistes sich immer höher organisch selbsterzeugt, potenzirt, polarisirt und popularisirt, ich sollte nicht fliegen können? Ist es doch von der Kritik auf das Günstigste aufgenommen worden, daß mein Geist kraft seiner absoluten Freiheit in's Blaue ...." Wohlan, Herr Professor, so begleiten Sie mich auf einer kleinen Reise durch unermessene Räume! Setzen wir uns hinweg über die kleinlichen Einreden grämlicher Störenfriede, die da spotten, sie seien auch bisweilen geflogen, doch nur im Traume! Schwingen wir uns auf getrost der Sonne zu! Sie, als ein geschickter Mann, werden ja dafür sorgen, daß uns nicht eine traurige Katastrophe widerfahre, wie dem Ikarus, der unsanft herunterfiel. —

Versuchen wir, dem kosmologischen Beweise eine neue, präzise Form zu geben; seine alte Form ist von Kant zerstört worden und nicht wieder in's Leben zu rufen. — Es soll denen, welche die Nothwendigkeit, sich erste Ursachen zu erdenken, leugnen, zuvörderst bewiesen werden, daß die Welt wenigstens eine erste Ursache habe; die Frage, ob es nur eine erste Ursache gebe oder mehrere, böte, wie bereits Kant bemerkt hat, nachher ein zweites metaphysisches Problem dar. — Unter einer ersten Ursache wäre diejenige zu verstehen, welche, selbst nicht verursacht, Anderes bewirkt. Wenn der Gegner die Annahme ursachloser Ursachen für eine willkürliche transscendente Hypothese hält, so muß er es für möglich erklären, daß alle Ursachen in der Welt selbst wieder verursacht seien. Zwänge man ihn zu dem Geständnisse, daß dies widersinnig sei, so hätte man ihm damit streng die Existenz einer unbedingten Ursache apagogisch bewiesen.

Gesetzt nun, es gebe keine ursachlose Ursache, so hat keine Ursache selbstständige Existenz. Alle Ursachen in der Welt zusammengenommen, so weit man ihre Kette verfolgen mag, würden eine Summe bilden, in der jedes einzelne Glied seine Existenz einem anderen verdankte, dies wieder einem anderen u. s. f. in infinitum. Da also jedes Glied seine Existenz bloß zum Lehen empfinge, in keinem Gliede selbstständige Existenz zu finden wäre, so beliefe sich die Summe der in allen zusammen vorhandenen selbstständigen Existenz auf $0 + 0 + 0 + 0 \ldots$ in infinitum, d. i. auf Null. Die Summe aller Ursachen hätte keine selbstständige Existenz, also käme ihr anderswoher die Existenz. Woher aber? Was ihr die Existenz ertheilte, müßte sich offenbar causal zu ihr verhalten, ihre Ursache sein. Es müßte also eine Ursache angenommen werden, die nicht mit zu jener Summe gehörte — eine Ursache, die nicht verursacht wäre. Unsere Voraussetzung verbietet dies aber. Nun ist es ein Widerspruch, zugleich einzugestehen, jene Summe habe anderswoher ihre Existenz, und das Dasein des einzigen Anderen, woher ihre Existenz entspringen könnte, zu verneinen. Zu diesem Widerspruche hat die Annahme, es gebe keine unbedingte Ursache, consequent geführt. Folglich ist sie falsch, mithin die contradictorisch entgegengesetzte Hypothese apagogisch bewiesen.

Diese Demonstration beruht auf einem Sophisma; wer die Unstatthaftigkeit aller Schlüsse auf Transscendentes einmal erkannt hat, der weiß im Voraus, daß darin etwas Fehlerhaftes enthalten ist. Darf man aber wohl sagen, es liege ein offenbarer Fehler vor, ehe man diesen wirklich aufgedeckt und den Trugschluß entkräftet hat? Wäre das nicht eine leere Redensart? Wer mit seinen Begriffen von der Causalität noch nicht völlig im Reinen und mit sich einig ist, wird, wenn er die obige Argumentation genau durchdenkt und sich bei jedem Satze fragt: ist das wahr? ja oder nein? — schließlich entweder ohne Clausel entschieden beistimmen müssen oder zu seiner Ueberraschung etwas gefunden haben, was dem Ei des Columbus ähnlich ist. — Das hergebrachte beliebte kosmologische Argument, dessen sich noch sehr Viele zu bedienen pflegen, läßt sich leicht widerlegen, denn es ist eine Appellation an die Denkfaulheit, weiter nichts [1]). Endliche Reihen haben nämlich vor unendlichen den Vorzug, daß sie dem Denken einen Ruhepunkt gewähren; am bequemsten wäre es, wenn die Welt sammt Raum und Zeit an allen Seiten irgendwo mit Brettern vernagelt wäre, dann hätte man gewiß befrie-

---

[1]) Daß die kosmologische Thesis diesem Argumente nicht wenig von ihrer Popularität verdankt, hat Kant hervorgehoben K. d. r. V. pag. 371, wo er sagt: „Der gemeine Verstand findet in den Ideen des unbedingten Anfangs aller Synthesis nicht die mindeste Schwierigkeit, da er ohnedies mehr gewohnt ist, zu den Folgen abwärts zu gehen, als zu den Gründen hinaufzusteigen, und hat in dem Begriffen des absolut Ersten (über dessen Möglichkeit er nicht grübelt) eine Gemächlichkeit und zugleich einen festen Punkt, um die Leitschnur seiner Schritte daran zu knüpfen; da er hingegen an dem rastlosen Hinaufsteigen vom Bedingten zur Bedingung, jederzeit mit einem Fuße in der Luft, gar kein Wohlgefallen finden kann." Noch nachdrücklicher spricht Kant dies pag. 375 aus mit den Worten: „Gemächlichkeit und Eitelkeit also sind schon eine starke Empfehlung dieser Grundsätze ..."

Außerdem giebt es übrigens noch eine wundersame kosmologische Beweismethode, und diese scheint sogar am allergewöhnlichsten angewandt zu werden. Sie besteht darin, daß man einfach den Satz ausspricht: „Alles muß eine Ursache haben, also muß auch die Welt eine Ursache haben." Fragst du nun, ob die Ursache der Welt ebenfalls eine Ursache haben müsse oder nicht, so hast du von der Geduld deines dogmatischen Lehrers schon zu viel verlangt. Jede Bitte um nähere Unterweisung würde ganz vergeblich bleiben, du wirst daher wohl daran thun, sofort zu schweigen, um nicht Unannehmlichkeiten davonzutragen; oder willst du muthwillig einen Mann zum Zorne reizen, der, wo es sich um Erforschung der Wahrheit handelt, keinen Spaß und keine Philosophie versteht und keine von der seinigen abweichende Ansicht duldet? Wozu den schlummernden Fanatismus wecken! Wozu die Milch der logischen Unschuld in Drachengift verwandeln? — Jedem kaltblütig Ueberlegenden aber leuchtet ein, daß wenn der Satz, Alles müsse eine Ursache haben, wirklich feststände, es verschwendete Mühe wäre, weitere Beweise für die Unmöglichkeit einer ersten Ursache zu suchen, da diese Unmöglichkeit unmittelbar aus jenem Satze folgen würde; derselbe ist jedoch weder erweislich, noch a priori gewiß (vgl. Seite 66).

bigenden Abschluß; dies mag wünschenswerth erscheinen, ist aber dadurch noch nicht erwiesen, so wenig, wie die irrationalen Zahlen darum fortfallen, weil man beim Rechnen viele Mühe ersparen würde, wenn nur rationale sich ergäben. Doch wäre es unbillig, das hier eingeschlagene Beweisverfahren mit jener plumpen Ueberredungsmanier, deren Scheinbarkeit sich auf Motive, nicht auf Schlüsse stützt, kurzweg gleichzustellen. Es macht einen großen Unterschied aus, ob gegen eine Vorstellungsweise nur ihre Schwierigkeit geltend gemacht oder ihre Widersinnigkeit gezeigt wird.

Wer nun etwa unsere kosmologische Demonstration für unumstößlich hielte, der würde sich in nicht geringer Verlegenheit befinden, wenn ihm auch das Gegentheil apagogisch bewiesen werden könnte. In der That entstünde eine unerträgliche Antinomie und Kant behielte Recht, wenn man zuerst das Bezweifeln einer ersten Ursache für ungereimt erklären müßte und nachher ihre Annahme ebenfalls. Daß diese aber wirklich Widersinniges in sich enthält, soll jetzt bewiesen werden. Dazu wird kein sophistisches Kunststück, kein Sprung zum Transscendenten, auch keine Berufung auf synthetische Sätze a priori erforderlich sein. Erkenntniß a priori ist bekanntlich das Universalmittel, welches idealistische Philosophen immer in Bereitschaft haben, um angezweifelte Lehrsätze in Sicherheit zu bringen, an deren Wahrheit sie zuversichtlich glauben, ohne Beweisgründe dafür zu wissen oder sich der Gedankenassociationen zu erinnern, durch welche sie zu ihrer Ueberzeugung gelangt sind. Da jedoch eine a priori vorhandene allgemeine Erkenntniß des Verhältnisses zwischen Ursache und Wirkung, wie sich aus den vorangegangenen Untersuchungen über Kants und Schopenhauers Causaltheorieen ergeben hat, durchaus undenkbar ist, so würde ein Causalgesetz, welches nicht aus der gegebenen Erfahrung durch Analyse entwickelt werden könnte, auf sehr schwachen Füßen stehen. Wir werden aber, wenn wir uns auf den Inhalt unserer Begriffe besinnen, genügenden Grund finden, die Unmöglichkeit einer ersten Ursache darzuthun.

Jede Ursache geht ihrer Wirkung vorher; die erste Ursache müßte folglich dagewesen sein, ehe noch irgend eine Wirkung eingetreten wäre.

Bei der Annahme einer ersten Ursache würde demnach die Zeit dermaßen in zwei verschiedene Abschnitte zerfallen, daß jene Ursache dem früheren, alles Verursachte zusammen aber dem späteren angehörte. In der früheren Periode wäre also Causalität noch gar nicht vorgekommen.

Ist es möglich, daß damals auch noch keine Veränderung stattgefunden hätte? Gewiß nicht, denn Zeit ist unbenkbar ohne Veränderung; man kann zwar die Worte aussprechen: „eine Zeit, in der nichts geschieht", „eine leere Zeit", das sind aber leere Wortverbindungen, durch welche keine andere Vorstellung, als die solcher Laute oder Schriftzeichen im Bewußtsein erweckt wird; Zeit und Veränderung sind unzertrennliche Begriffe. Dürfte man wohl sagen: die Zeit vergeht, wenn die vergangene Zeit sich von den vergangenen Begebenheiten gleichsam abschälen und wie eine ruhig daliegende Röhre, durch welche aller Wechsel hindurchflösse, gesondert denken ließe? Weil solche Abstraktion unmöglich ist, hat man die Zeit eine bloße Form des Geschehens genannt. Diesen Ausdruck sollte man indeß nur mit großer Vorsicht anwenden, denn er verleitet zu Mißverständnissen, sobald sein ursprünglicher Sinn vergessen wird. „Form" bedeutet hier nämlich nichts Anderes, als ein vom anschaulichen Raume entlehntes Bild, nicht etwa einen höheren, allgemeineren Begriff, eine Gattung, welcher die Zeit sammt den räumlichen Grenzen unterzuordnen wäre. Man kann ebensowenig die Zeit von der Veränderung losreißen, wie den Körper von seiner Gestalt.

Da es nun ungereimt ist, von einem ersten Anfange aller Zeit zu reden, so kann auch kein erster Anfang aller Veränderung gewesen sein[1]). Gab es überhaupt aber niemals eine erste Veränderung, so versteht es sich von selbst, daß also auch die erste Ursache nicht die erste Veränderung war, daß bereits andere Veränderungen ihr vorhergegangen sein mußten. Wer dies nicht zugestehen will, dem bleibt nichts übrig, als zu behaupten, eine bestimmte endliche Summe von Zeiträumen mache dergestalt ein abgeschlossenes Ganzes aus, daß ihr das Prä-

---

[1]) Dergleichen Ungedanken durch den Glauben an einen Schöpfer der Sterne rechtfertigen zu wollen, kann nur leichtsinnigen und verkehrt urtheilenden Menschen einfallen, die nicht bedenken, daß der dreifaltige Gott als ewig und ewig lebendig angebetet wird.

dikat „alle Zeit" zukäme, und damit einen Zeitpunkt zu statuiren, vor dem noch keine Zeit gewesen wäre!

Die Hypothese, es habe eine erste Ursache gegeben, führt demzufolge in strenger Consequenz zu dem sonderbaren Resultat, daß die Weltgeschichte als aus zwei verschiedenen Theilen zusammengesetzt betrachtet werden müßte, von welchen der erste Veränderung ohne Causalität wäre, der zweite aber beide vereinigt enthielte; die Causalität hätte sich irgend einmal den Ereignissen beigesellt, wäre urplötzlich in die Dinge hineingefahren und seitdem bis auf den heutigen Tag darin sitzen geblieben. Daß dieser Gedanke widersinnig, also auch jene Hypothese falsch ist, läßt sich nun leicht zeigen.

Wohl jedem Unbefangenen wird die Annahme, unendliche Zeit lang seien ehedem Veränderungen auf Veränderungen gefolgt, ohne daß jemals eine von der anderen bewirkt worden wäre, dann aber sei, wie ein Blitz aus heiterer Bläue, die Causalität hervorgebrochen, und die wirkliche Welt habe in jenem verhängnißvollen Augenblicke die Verursachung als einen wirklichen Zuwachs empfangen, sogleich absurd erscheinen. Das Wundersame dieser Vorstellung liegt darin, daß man die Causalität als etwas dem Geschehen anfänglich fremdes, erst später hinzugefügtes Wirkliches auffassen müßte. Was für ein neues Wirkliches sollte sich denn damals mit der Veränderung verbunden haben? Die Voraussetzung einer ersten Ursache hat uns gezwungen, die Ursachen für eine besondere Art der Veränderungen anzusehen. Welcher reale Unterschied bestände denn zwischen ihnen und den übrigen Veränderungen? In einer Ursache müßte etwas Wirkliches mehr, als Veränderung enthalten sein, woran es den nicht causalen Begebenheiten mangeln müßte. Was könnte das sein? — Diese Frage betrifft den Cardinalpunkt unserer Untersuchung; sie ist der einzige Schlüssel zu Humes Problem.

Wenn eine Veränderung auf eine andere folgt, ist diese darum noch nicht für die Ursache jener zu halten. Niemand wird jede beliebige Succession Causalität nennen; nur nothwendig Folgendes heißt Wirkung, und Ursache einer Veränderung kann nur eine solche unter den vorhergehenden sein, mit der die neue nothwendig verknüpft erscheint¹). Hinsichtlich dieser Begriffsbestimmung sind die Logiker einig; meines Wissens ist dieselbe niemals Gegenstand eines Streites gewesen; auch Hume legte sie seiner Kritik als feststehende Nominaldefinition zum Grunde. Worin aber die nothwendige Verknüpfung bestand, das war die Frage; die meisten Philosophen sind sorglos über die Schwierigkeit hinweggegangen. Hume nahm an, dieser Ausdruck bezeichne eigentlich „eine Kraft oder Energie, d. h. eine Eigenschaft, welche die Wirkung an die Ursache bände." Ein solches eigenthümliches Wesen suchte er in den wirklichen Dingen vergebens, er erklärte es daher für gänzlich unbekannt. An einer qualitas occulta vermochte er freilich kein besonderes Wohlgefallen zu finden; ihm leuchtete ein, daß Voraussetzung obskurer Qualitäten noch nicht Erkenntniß ist; auch spottete er derer, welche im „Vermögen" — einer Hypostase der Erwartung zukünftiger Thätigkeit — ihr Heil erblickten. Ob die „Kraft oder nothwendige Verknüpfung" überhaupt existire, ließ er dahingestellt, wohl zweifelnd, doch nicht verneinend; im Begriffe der nothwendigen Verknüpfung dagegen, meinte er, sei gar nichts Anderes, als gewöhnlich wahrgenommene Folge denkbar. Dies war sein Fehler; er hätte die verborgene reale „Kraft oder nothwendige Verknüpfung" entschieden verwerfen und den Begriff unverstümmelt behalten sollen. Den Weg zur richtigeren Einsicht weis't uns Hume selbst durch die Bemerkung: „Eigentlich ist die Nothwendigkeit einer Handlung, mag solche von der Materie oder vom Geiste ausgehen, keine Qualität in dem Handelnden, sondern in irgend einem denkenden Wesen, welches die Handlung betrachtet." — Wo ist die Nothwendigkeit heimisch? Darauf kommt es vor Allem an.

Indem wir das Wesen des Erkenntnißgrundes untersuchten, trat uns der logische Begriff der Nothwendigkeit entgegen: ein Urtheil folgt noth-

---

¹) Wenn auch das Wort „Ursache" ursprünglich eine andere Bedeutung gehabt hat, — etymologisch betrachtet, scheint es das anfänglich Existirende zu bedeuten — so besteht doch dem gegenwärtigen conventionellen Sprachgebrauche gemäß ein wesentliches Merkmal des Causalverhältnisses darin, daß eine Veränderung auf eine andere nothwendig folgt. Diese Bestimmung ist aber nicht für eine erschöpfende Definition zu halten; was außerdem noch zu einem Causalverhältnisse gehört, wird S. 106 bezeichnet werden.

7

wenbig aus dem Urtheil, welchem sein Gegentheil widerspricht; strenge Nothwendigkeit ist nichts Anderes, als das Verhältniß eines Urtheils zu seinem Erkenntnißgrunde. Welchen Sinn kann es nun haben, von realer Nothwendigkeit zu reden? Inwiefern können zwei wirkliche Begebenheiten mit einander nothwendig verknüpft sein? Kann einem Widerspruche, kann einer Negation Realität zukommen? Nein; jedoch ein Urtheil, welches eine Veränderung bejaht, würde für das Urtheil, jener Veränderung folge diese, Beweisgrund sein, falls man das Erfolgen der bestimmten neuen Veränderung nicht leugnen könnte, ohne der Behauptung, die erste ereigne sich in der That, zu widersprechen. Dann bestände zwischen den beiden Gedanken nothwendige Verknüpfung. Sagt man, die Wirkung sei mit der Ursache nothwendig verknüpft, so ist dies ein uneigentlicher Ausdruck, den man der Abkürzung halber immerhin wählen mag, wofern man nur die genaue Bedeutung nicht vergißt. Daß man sich ihrer aber keineswegs immer klar bewußt gewesen ist, zeigt die häufige Vermengung der Causalität mit der logischen Begründung und die fortwährende rücksichtslose Uebertragung der Nothwendigkeit auf die Wirklichkeit, wobei man das relativ Gültige, wie in so manchen Fällen, als ein Absolutes gesetzt hat. Aus solchem Uebersehen der wesentlichen Beziehung entsprang die alte berühmte Controverse über die Theilung der Welt in Nothwendiges und Zufälliges, ein Streit, in dem sowohl diejenigen, welche der Nothwendigkeit Terrain entziehen wollten, als die, welche mit Spinoza den Zufall aus der Weltgeschichte verwiesen, in gewisser Hinsicht Recht hatten, die gütliche Ausgleichung aber, welche die Wolfianer veranstalteten, indem sie überall ein ens contingens friedlich neben einem ens necessarium existiren ließen, von der Wahrheit am weitesten entfernte. Das Wirkliche im Causalverhältnisse sind die einander folgenden Veränderungen; nothwendig verknüpft sind die Gedanken.

Wie ist es denn aber möglich, daß die Aussage einer Veränderung die Annahme einer so und so beschaffenen folgenden nothwendig mache? Aus bloßer Succession ergiebt sich noch keine Nothwendigkeit. Beruht vielleicht alle nothwendige Verbindung zwischen Vorstellungen von Ereignissen auf Einbildung und willkürlicher Erfindung?

So paradox es auch klingen mag: es ist in der That nicht nachzuweisen, daß die Erfahrung — das unmittelbar Gewisse, aus welchem alles mittelbar Gewisse sich muß logisch ableiten lassen — zu einer Versicherung, Geschehendes hänge mit diesen oder jenen früheren Begebenheiten nothwendig zusammen, irgendwo zureichenden Grund darbiete. Die Nothwendigkeit der in der Praxis und in den empirischen Wissenschaften üblichen Schlüsse von der Ursache auf die Wirkung resultirt nicht unmittelbar, sondern nur vermittelst bestimmter Hypothesen aus der gegebenen Erfahrung. Man kann, genau genommen, nie wissen, sondern nur zuversichtlich glauben, daß eine Veränderung nothwendige Folge der andern sei. Erst, nachdem irgend ein wahrscheinliches Urtheil Zustimmung erhalten hat, kann unter der Voraussetzung, dasselbe sei gewiß wahr, von nothwendiger Verknüpfung zwischen dem die Ursache und dem die Wirkung aussagenden Urtheil die Rede sein; die Nothwendigkeit ist hier immer durch eine solche Voraussetzung bedingt.

Wer wollte nun bestreiten, daß Hume, indem er auf die Wahrnehmung einer Anzahl ähnlicher Fälle, die Wiederholung, die Gewohnheit hinwies, die Quelle dieser wahrscheinlichen Voraussetzungen richtig bezeichnet hat? Unterliegt es ferner irgend einem Zweifel, daß im gewöhnlichen Leben, wenn man ein Ereigniß zuversichtlich als unausbleibliche Wirkung eines früheren oder gegenwärtigen Vorfalls erwartet und sich im Voraus ein Bild von der Zukunft als nothwendiger Folge der Vergangenheit entwirft, sehr selten das klare Bewußtsein einer Regel, meistens eine unwillkürliche Ideenassociation obwaltet, deren Zuge man sich unbedenklich hingiebt? Dabei pflegen wenig logische Schlüsse, wenig discursive Begriffe vorzukommen; dunkle Erinnerungen, „stillschweigende" Annahmen, natürliche Vermuthungen, kurz instinktive Einfälle drängen eilig vorwärts, bis solcher Gedankengang etwa durch ein auftauchendes Hinderniß in's Stocken geräth. So gelangt man zu einer Menge von Causalitäts-Vorstellungen, ohne sich Rechenschaft zu geben, wie? — und die Gewohnheit wird allmählich zur zweiten Natur — das oft Verbundene verwächst zu festen Complexionen. Die Wissenschaft aber unterscheidet sich von der blinden Praxis dadurch, daß sie individuelle Ahnungen ausschließt, nur solche Hypothesen anerkennt, die nachweislich in ho-

7*

hem Grade wahrscheinlich sind, und diese als Gesetze bestimmt formulirt. Die Gesetze bilden die Brücke von der Erfahrung zur strengen
Nothwendigkeit.

Die Empirie würde niemals zur Aufstellung von Naturgesetzen führen, wenn nirgends Aehnlichkeit, d. h. theilweise Gleichheit mehrerer
Erscheinungen gegeben wäre, wenn die Dinge sich nicht nach ihren gemeinsamen Eigenschaften zu Arten und Gattungen zusammenordnen
ließen. Wiederkehr des Gleichen im Laufe der Begebenheiten ist das
Faktum, welches uns berechtigt, der Natur ein gesetzmäßiges Wirken zuzuschreiben. Wenn man behauptet: „Alles in der Welt geschieht
nach Regeln, ob wir gleich diese Regeln nicht immer kennen, ... es giebt
überall keine Regellosigkeit" [1]), so sagt man damit nichts Anderes, als:
„es geschieht schlechterdings nichts Neues unter der Sonne." Ist nun
in vielen Fällen auf eine bestimmte Art von Ereignissen stets ohne Aus-
nahme Gleichartiges erfolgt, so pflegt man anzunehmen, daß überhaupt immer auf Ereignisse dieser Art Wirkungen jener Art erfolgen;
des häufig Beobachtete wird als Gesetz anerkannt, sobald eine sorgfältige
Induktion die Voraussetzung, es gelte für alle Fälle jener Art in hohem Grade wahrscheinlich gemacht hat. In den empirischen Wissenschaften darf eine Veränderung nur dann Ursache einer ihr folgenden Veränderung genannt werden, wenn diese mit ihr nach einem Gesetze
nothwendig verknüpft ist, d. h. wenn erstere zu einer Art von Veränderungen gehört, von der man die Ueberzeugung hegt, daß ihr Erfolg
immer eine Veränderung solcher Art, wie die zweite, ist. — Diese mit
strenger Consequenz aus der philosophischen Analyse abgeleitete Bestimmung ist andererseits der schlichte Ausdruck eines in den Erfahrungswis-
senschaften bei jeder Untersuchung des Causalnexus notorisch herrschenden
Begriffs. So wird die Richtigkeit der Theorie dadurch bestätigt, daß ihr
Resultat mit der Methode exakter Naturforschung genau übereinstimmt.
Während sowohl der „neuere Realismus", als der transscendentale Idealismus die Causalität weitab von aller verständlichen und förderlichen
Untersuchung in mystischen Höhlen versteckt, braucht meine schmucklose

---

[1]) Mit diesen Worten beginnt Kants Logik.

Darstellung den hellen Tag nicht zu scheuen. „Die Menschen verdrießt es, daß das Wahre so einfach ist." — [1])

Nur unter mannigfachen Voraussetzungen, nach umsichtigen Ueberlegungen kann man sich, um Naturgesetze zu entdecken, statt der Induktion aus vielen Fällen eines kürzeren Verfahrens bedienen, des Experiments. Soll ein Versuch allein genügen, so muß die Frage schon beantwortet sein: Ist richtig abstrahirt worden? Hat die als Ursache betrachtete Operation allein die Wirkung hervorgebracht oder waren andere gleichzeitige Umstände mit im Spiele? Man ist freilich von vornherein geneigt, wenn man rings umher keine auffällige Aenderung wahrnimmt, der neuen Handlung, die man eben vollzogen hat, ausschließlich das neue Ergebniß beizumessen. Dabei ist man jedoch sehr der Gefahr des Irrthums ausgesetzt. Die wirklichen Begebenheiten sind nämlich weit mehr complizirt und verzweigt, als es bei oberflächlicher Betrachtung den Anschein hat, und bei Experimenten dürfen mitwirkende Vorgänge nicht übersehen werden. Indem man das Resultat eines Experiments ausspricht, abstrahirt man immer von unzähligen Eigenthümlichkeiten des einzelnen Falles, die man als gleichgültige Nebenumstände ansieht. Man trifft gewöhnlich, wenn man einen Versuch einleitet, zweckmäßige Veranstaltungen, um die zu beobachtenden Dinge möglichst rein zu isoliren, vor störenden fremden Einflüssen zu bewahren. Ob aber wirklich kein wesentliches Merkmal der Ursache sich dem Blicke des Forschers entzogen habe, ob nicht dennoch mehr, als sein abstrahirtes Gesetz besagt, zur Hervorbringung der Wirkung erforderlich sei, das unterliegt jedes Mal einer besonderen Beurtheilung, die nur einen hohen Grad von Wahrscheinlichkeit erreichen kann, vollkommene Sicherheit nie. Auch lassen sich bei der genauen Bestimmung des Resultats nach Maß und Zahl kleine Fehler nicht vermeiden, die vernachlässigt werden müssen, wie beim mathematischen Calcül; dies schadet indeß wenig, wofern man nur die Grenzen des etwaigen Fehlers, das Maximum und Minimum weiß. Die Gewißheit bei Experimenten ist auf die Erkenntniß eingeschränkt, daß diese besondere Veränderung jene zur Folge hat. Um aber ein Gesetz

---

[1]) Göthe.

daraus zu entwickeln, muß man sich der Merkmale klar bewußt werden, muß man die Begebenheiten richtig in Begriffen erfassen. Dieselben Experimente, welche für Wohlunterrichtete und Urtheilsfähige höchst lehrreich sind, bleiben für den Unwissenden und Gedankenlosen, der sie angafft, ein stummes Wunder, ein Schauspiel ohne Sinn. Bloßes Anschauen reicht dabei nicht hin, man muß in angemessener Weise nachdenken und sich auf bereits erworbene Kenntnisse besinnen. Aber auch die behutsamste und vielseitigste Betrachtung kann dem abstrahirten Gesetze nur bedingte Gewißheit verschaffen. Wenn man erwägt, was es für eine Aufgabe wäre, die gesammte Veränderung, welche ein Ding während eines Zeitraumes erfährt, dermaßen wahrzunehmen, daß kein Umstand, kein inneres oder äußeres Verhältniß unbekannt bliebe, so sieht man ein, daß völlig exakte, erschöpfende Beobachtung einer Begebenheit für menschliche Erkenntniß ein unerreichbares Ideal ist; die Empirie hat es immer nur mit Fragmenten des wirklich Geschehenden zu thun.

Um ganz exakt zu reden, müßte man ein durch Induktion oder Experiment gewonnenes Naturgesetz stets mit der Clausul aussprechen: wenn der Erfolg nicht von derzeit noch unbekannten Bedingungen abhängt; und wer zukünftige Ereignisse den empirischen Naturgesetzen gemäß vorausberechnet hat, müßte eigentlich sagen: die Prophezeiung wird eintreffen, wenn nicht unvorhergesehene Hindernisse in den Weg treten, d. h. wenn nicht unbemerkte Bedingungen zur Ursache gehören, ohne deren Erfüllung die Wirkung ausbleiben würde, welche man dann fälschlich für nothwendig mit dem bekannten Theile der Ursache verknüpft gehalten hätte. Es liegt mir jedoch fern, die Aetiologie deshalb geringzuschätzen, weil sie nur wahrscheinliche Wahrheit liefert. Die von unserer Naturwissenschaft erreichte Wahrscheinlichkeit ist so groß, daß täglich Tausende vorsichtiger Männer dem Schutze der Naturgesetze furchtlos ihre wichtigsten Angelegenheiten, ihr Eigenthum, ja ihr Leben anvertrauen. Die bewährten Methoden darzulegen, welchen die einzelnen ätiologischen Fachdisciplinen ihre Glaubwürdigkeit verdanken, ist deren Sache; es wäre unbillig, hier einen kompendiarischen Auszug aus den Spezialwissenschaften zu fordern. Die Hauptaufgabe dieser philosophischen Abhandlung ist durch Bestimmung und Erörterung des Begriffs der nothwendigen Folge erledigt. Zur Ergänzung der Theorie ist aber noch die Frage zu beant-worten: wie hängt der Begriff der Bedingung mit der Causalität zu-sammen? —

Wie der Begriff des Erkenntnißgrundes, so ist auch der der Bedin-gung mit dem Begriffe der Ursache dergestalt vermengt worden, daß das eine Wort oft beliebig als Synonymum für das andere gebraucht wird. Selbst in den Schriften der besseren deutschen Philosophen findet man Verwechselung beider Begriffe sehr häufig. Im Conversationslexikon von Brockhaus wird das „logische Gesetz" verkündigt: „Ist die Bedingung gesetzt, so ist damit auch das Bedingte anzunehmen, und ist das Bedin-gende aufgehoben, so ist es auch das Bedingte." Von diesen beiden Re-geln gilt nun die erste für Ursachen, für Bedingungen aber nicht, die zweite dagegen für Bedingungen, für Ursachen aber nicht.

Etwas, daohne ein Anderes nicht stattfinden kann, wird dessen Bedin-gung genannt[1]). Ohne Ursache findet keine Wirkung statt. Die Ur-sache scheint demnach die Bedingung ihrer Wirkung zu sein. — Wer so schließt, der überspringt einen Unterschied, welcher nicht verwischt werden darf. Obgleich nämlich für jede Wirkung das ihr vorangegangene Da-sein irgend einer Ursache unerläßliche Bedingung ist, macht die Wir-kung doch nicht die Voraussetzung dieser oder jener bestimmten Ursache nothwendig. Bekanntlich verbietet die Logik, von der Wirkung auf die

---

[1]) Unbedingt wird etwas genannt in Bezug auf Anderes, ohne welches es stattfinden kann. Eine Behauptung bedingt aussprechen heißt sie auf einen be-grenzten Kreis einschränken; eine bedingte Verpflichtung bindet nur, wenn die Bedingung erfüllt wird. Im hypothetischen Satzverhältnisse (vgl. Seite 84) ist der Nachsatz insofern bedingt, als man zunächst seine Gültigkeit nur für den durch den Vordersatz bezeichneten Fall versichert; gilt der Nachsatz auch für andere Fälle, so ist seine Gültigkeit nicht durch jenen Vordersatz bedingt, son-dern nur an die Bedingung geknüpft, daß irgend einer der betreffenden Fälle gegeben sei. Will man aber den Inhalt jedes mit „wenn" anhebenden Satzes als Bedingung des im Nachsatze Ausgesagten hinstellen, so opfert man den logi-schen Begriff der Grammatik auf. Ob es erlaubt sei, das Wort Bedingung nicht nur in dem oben definirten Sinne, sondern daneben noch in einer zweiten weiteren Bedeutung anzuwenden, darüber zu disputiren, indem man den oft so schwankenden Sprachgebrauch zur Richtschnur nähme, wäre ein ziemlich müßiges Unternehmen; für die Philosophie, wie für jede Wissenschaft, ist es überaus schädlich, wenn man ein Wort bald in diesem, bald in jenem Sinne braucht, statt einen scharf und un-zweideutig bestimmten Begriff damit zu verbinden.

Urſache modo ponente zu ſchließen; gleichartige Wirkungen können ver-
ſchiedenartige Urſache haben; die gleiche Wirkung kann ſehr wohl eintreten, ohne daß man dieſelbe Urſache, aus der ſie ein anderes Mal ent-
ſtand, vorausſetzen müßte[1]); aus dem Satze: „wenn H iſt, ſo iſt C."
folgt keineswegs: „nur, wenn H iſt, iſt C." Mithin kann ein Ereigniß ein anderes verurſachen, ohne deſſen Bedingung zu ſein.

Daß man aber die Urſache als Summe aller Bedingungen
der Wirkung betrachtet, iſt folgendermaßen zu erklären: — Damit unſer
Denken einer Begebenheit mächtig werde, müſſen wir den Spruch befol-
gen: divide et impera! Wir müſſen unterſcheiden und abſtrahiren.
Wollen wir eine Urſache deutlich beſchreiben, ſo können wir nicht umhin,
die Dinge, ihren inneren Zuſtand, ihre Verhältniſſe zu anderen Dingen,
die gegenwärtigen Veränderungen, kurz jeden Umſtand beſonders in allgemeinen Begriffen aufzufaſſen, obwohl in Wirklichkeit das Alles concret
zuſammenhängt, dieſe individuelle Begebenheit eben nur dieſen in-
dividuellen ſo und ſo beſchaffenen Dingen zukommt, alſo ſämmtliche Umſtände miteinſchließt — an verſchiedenen Dingen kann doch nie genau
daſſelbe, ſondern nur Aehnliches geſchehen. Wenn man nun einen
Theil der Merkmale allein denkt, ſo entſteht die Frage, ob jedes
Ereigniß, welches alle in dieſer unvollſtändigen Vorſtellung
inbegriffenen abſtrahirten Merkmale zeigt, auch jene Wirkung hervorbringe oder ob noch andere Merkmale zu deren
Urſache weſentlich gehören. Iſt Letzteres der Fall, ſo iſt das Vor-
handenſein derjenigen anderen Merkmale, die außer jenen abſtrahirten erforderlich ſind, Bedingung der Nothwendigkeit des Erfolges. In die-
ſem Sinne muß man den Grundſatz verſtehen: Jeder Umſtand, ohne
deſſen Hinzutreten eine Art von Veränderungen eine beſtimmte Art von
Wirkungen nicht verurſacht, iſt eine Bedingung der Cauſalität; erſt, wenn
alle der Urſache weſentlichen Umſtände zuſammentreffen, ſind alle Bedingungen des nothwendigen Erfolges erfüllt. — Sind deshalb nun etwa
die Theile der Urſache ſchlechthin als Bedingungen der Wirkung anzuſe-
hen? Eben ſo wenig, wie die ganze Urſache ſelbſt. Man darf nicht

---

[1]) Als Beiſpiel diene das „Parallelogramm der Kräfte."

vergessen, daß nicht die erfolgende Veränderung, sondern nur die Noth-wendigkeit ihres Erfolgens so bedingt ist. Ob die einer unvollständi-gen abstrakten Vorstellung entsprechende Begebenheit eine gewisse andere bewirken werde, das hängt von der Concurrenz aller zugehörigen Um-stände ab, nicht aber die Möglichkeit der anderen Begebenheit; denn eine völlig gleichartige Wirkung könnte stattfinden, ohne daß eine Ursache glei-cher Art vorhergegangen wäre — falls nicht schon anderweitig ausge-macht ist, daß Wirkungen dieser Art immer nur aus Ursachen jener einen Art entspringen. Solche zum Rückschlusse auf die Ursache berech-tigenden Gesetze nehmen wir allerdings nicht selten für gewiß an, und unter solcher Voraussetzung ist die Ursache Bedingung der Wirkung. Weßhalb und in welcher Weise auch bei Rückschlüssen von der Wirkung auf die Ursache Nothwendigkeit herrschen kann, ist aus den im vorigen Abschnitte angegebenen Gesichtspunkten hinlänglich zu ersehen.

Da es einmal, indem Ursachen schlechthin als Bedingungen be-trachtet wurden, zur Gewohnheit geworden war, diese beiden Begriffe mit einander zu verwechseln, so kann es nicht Verwunderung erregen, daß man auch umgekehrt oft Conditionalbeziehungen fälschlich für Causalität ansah. Besonders merkwürdig sind die aus dieser Begriffsverschmelzung zu erklärenden Mißverständnisse in Betreff des Verhältnisses zwischen zwei gleichzeitigen Veränderungen, von denen die eine für die andere Be-dingung ist. Wenn z. B. ein Körper eine gewisse Strecke vorbringt, so muß ein von der Seite, wohin seine Bewegung gerichtet ist, bei dem Be-ginne derselben ihn unmittelbar berührender Körper, falls keine Vermischung zwischen beiden stattfindet, mindestens um eben so viel zurückweichen, und zwar während der erstere vorbringt, keinen Augenblick später; denn daß jener auch nur einen Zoll weit Terrain einnähme, ehe der be-nachbarte dasselbe geräumt hat, ist unmöglich. Mit der Ortsverände-rung des einen Körpers ist zugleich nothwendig eine Ortsverände-rung des anderen gegeben: die des zweiten Körpers ist eine conditio sine qua non für die des ersten, keineswegs aber deren Ursache oder Effekt. Ich glaube, daß diejenigen Metaphysiker, welche Gleichzeitigkeit der Ursache und der Wirkung behauptet haben, hauptsächlich durch unge-naue Auffassung solcher Bedingungs-Verhältnisse irregeleitet worden sind.

Dem Begriffe „nothwendige Succession" kommt ein weiterer Umfang zu, als dem Begriffe „Causalität." Ein Ereigniß kann nach einem anderen immer eintreten, ohne daß dieses darum seine Ursache zu nennen wäre: im Causalverhältnisse liegt noch mehr, als Nothwendigkeit des Erfolgs.

Den engeren Zusammenhang, der zwischen zwei Veränderungen stattfinden oder wenigstens vorausgesetzt werden muß, wenn man die eine für die Ursache der anderen ansieht, deutet die Sprache durch eine große Anzahl synonymer Ausdrücke an. Man sagt z. B., das Bewirkte entstehe aus der Ursache, es gehe daraus hervor, entspringe, erwachse, fließe, entwickle sich daraus, die Wirkung komme daher, rühre daher; man sagt ferner, die Ursache bringe die Wirkung hervor, erzeuge sie, sei ihre Quelle, die Ursache führe dazu; man spricht von Einwirkung, von Einfluß des Verursachenden. In solcher Weise wird die Causalbeziehung stets charakterisirt von Leuten, denen genaue Abstraktionen fremd sind. Wir dürfen uns offenbar mit den angeführten Bezeichnungen nicht begnügen, aber wir können daraus lernen. Das sind freilich keine Definitionen des allgemeinen Begriffs, den wir untersuchen, sondern Erinnerungen an speziellere anschauliche Verhältnisse; aber alle diese mannigfachen Bilder haben eine leicht erkennbare Aehnlichkeit mit einander; ihnen allen ist nämlich die Vorstellung eines derartigen räumlichen Zusammenhangs zwischen den bezüglichen Veränderungen gemeinsam, daß die frühere eine Bewegung in sich enthält, welche bis zu dem Orte reicht, wo die spätere eintritt [1]). Dies ist nun nicht etwa ein willkürliches Phantasma, sondern ein wesentliches Merkmal der physischen Ursache; die ätiologischen Naturwissenschaften suchen überall Veränderungen aus Bewegung abzuleiten, und je weiter es ihnen gelingt, desto weiter schreitet eben ihre Causalerklärung fort.

In den allgemeinen Begriff der Causalität darf jedoch das angegebene Merkmal nicht aufgenommen werden, denn es liegt eine Bestim-

---

[1]) Die „transitive" Causalität ist von jeher ein Stein des Anstoßes für Metaphysiker gewesen. Ungereimt ist jedoch nur die Vorstellung, Veränderung sei ein herumwandernder Stoff, der einen Körper verlasse, um in dem andern Aufnahme zu finden

mung darin, die nicht allen Ursachen eigen ist; es giebt Verhältnisse zwischen Veränderungen, die wir causale nennen, ohne erst zu fragen, ob in der verursachenden Begebenheit eine Bewegung nach dem Orte der Wirkung hin geschehe. Damit wir uns für berechtigt halten, Causalität zwischen Gemüthszuständen und Gedanken zu behaupten, muß zwar zwischen „Ursache" und „Wirkung" ein räumlicher Zusammenhang insofern stattfinden, als beide derselben Person angehören, ist aber eine Verbindung der beschriebenen Art durchaus nicht erforderlich. So gern wir uns auch unser Fühlen und Denken als Bewegung zu veranschaulichen suchen (Gemüthsbewegung), so sehr auch die Sprachen dies Bestreben an den Tag legen — z. B. durch Uebertragung der lokalen Präpositionen auf unsichtbare Seelenthätigkeiten — so unzweifelhaft auch wirklich Bewegung in den Sinnesempfindungen, in den Affekten, in jeder Nervenerregung vorhanden ist, so eifrig auch Naturforscher bemüht sind, mehr und mehr Vorgänge in uns physikalisch zu erklären, so früh auch Psychologen Hypothesen über eine „Mechanik der Vorstellungen" aufgestellt haben; so müssen wir doch die Thatsache berücksichtigen, daß der Sprachgebrauch entschieden darin übereinstimmt, Gemüthszustände und Gedanken Ursachen der folgenden Gemüthszustände und Gedanken zu nennen, welche mit ihnen nothwendig verknüpft erscheinen, ehe noch an irgend ein räumliches Hervorgehen dabei gedacht ist. Ich leugne keineswegs, daß die Causalerkenntniß auf diesem Gebiete dunkler ist, als auf dem der Naturwissenschaft; aber zu erklären, ein Causalverhältniß dürfe überhaupt erst dann angenommen werden, wenn in dem vorangehenden Ereignisse eine Bewegung nach dem Orte des folgenden hin aufgefunden sei, wäre eine petitio principii. Als Resultat ergiebt sich demnach, daß zur Causalität außer der nothwendigen Succession noch ein räumlicher Zusammenhang der Veränderungen gehört, und zwar entweder ein der obigen Definition entsprechender oder Identität des Gegenstandes. — Auch dies zweite Merkmal stattet die Ursache mit keiner wirklichen Zuthat zur Veränderung aus; Bewegung ist ja nur Veränderung des Orts. —

Was die Worte „Ursache und Wirkung" herkömmlich bedeuten, was vernünftige Menschen, wenn sie von Causalität reden, darunter verstehen und einander durch das lautliche Zeichen mittheilen wollen, ist nunmehr, glaube ich, vollständig dargelegt. Es war meine Absicht, den Causalbegriff so aufzufassen, wie er sich im gewöhnlichen Denken, auch in den Wissenschaften faktisch zeigt, und ihn in die Elemente, aus denen er zusammengesetzt ist, zu zerlegen. Solche Analyse des Gegebenen läuft für diejenigen, welche an den allgemeinen Begriffen überirdisch herrliche Schätze zu besitzen wähnen, immer auf eine Enttäuschung hinaus. Wenn die Fülle des Concreten mit dem abstrakten Begriffe unklar verschmolzen wird, so erscheint derselbe mit einem glänzenden Nimbus umgeben, den die nüchterne Kritik unbarmherzig zerstören · muß, indem sie das Besondere, den bunten Reichthum der einzelnen anschaulichen Vorgänge, ausscheidet, die Illusion concreter Begriffe aber, welche alle Detail-Erkenntniß schon in sich aufgespeichert enthalten sollen, dialektischen Taschenspielern überläßt; denn je mehr ein Begriff umfaßt, desto weniger Inhalt kommt ihm zu. Einsicht in Causalverhältnisse ist unstreitig höchst werthvoll, aber diese werthvolle Einsicht steckt nicht im allgemeinen Causalbegriffe. Es ist auch nicht im Mindesten wahrscheinlich, daß in einer so populären Vorstellung, die Jedermann täglich anwendet, eine mysteriöse Weisheit verborgen sei, die der Philosoph herauszugrübeln habe.

Obgleich die Menschen durchschnittlich im einzelnen Falle ungefähr wissen, was sie mit den Worten „Ursache und Wirkung" sagen wollen, so fällt es ihnen doch schwer, dies richtig in Definitionen auszusprechen. Die populären abstrakten Begriffe von der Causalität sind äußerst mangelhaft und verworren. Ich habe mich bei vielen gebildeten Leuten erkundigt, was eine Ursache sei, und überall eine sehr unbestimmte Antwort vernommen. Natürlich ist man selten geneigt, sogleich aufrichtig zu bekennen, daß man einstweilen die Wahrheit noch nicht weiß, man meint, sie liege ja auf der Hand, man brauche nur zuzugreifen, und um sich schnell aus der Verlegenheit zu ziehen, fertigt man den unbequemen Frager mit einem Gemeinplatze ab, z. B. mit der Erklärung, Ursache sei der reale Grund, wodurch man aus dem Regen in die Traufe kommt. Am wenigsten haben unsere Metaphysiker bisher sich zu dem Eingeständniß entschließen können, daß deutliche Erkenntniß des Begriffs ihnen hier noch fehle. Statt denselben zu suchen, haben sie vielmehr ohne Zaudern kühne Definitionen aufgestellt, die recht philosophisch klingen, aber auf das Denken des Menschengeschlechts in dieser Welt nicht passen; sie haben Begriffe construirt, denen eine gewisse formelle Schönheit eigen ist, und diktatorisch festgesetzt: „das heißt Caufalität.“ Solch gewaltsames Verfahren hat nicht wenig zur Ausbildung der confusen Vorstellung beigetragen, auf welcher der kosmologische Trugschluß beruht. Wir wollen jetzt näher zusehen, welche Bewandtniß es mit diesem Sophisma hat.

Der Fehler besteht in unerlaubter Hypostase einer Abstraktion. Dem ganzen indirekten Beweise liegt das disjunktive Urtheil zum Grunde, etwas habe die Existenz entweder von selbst oder anderswoher empfangen, nebst der Annahme, Ursache sei dasjenige, was einem Anderen die Existenz ertheilt. Diese Auffassung des Caufalverhältnisses erscheint zwar sehr plausibel, ist aber sehr verkehrt. Was bedeutet denn der Ausdruck: „etwas hat Existenz“? Er hat nur Sinn in Bezug auf Vorstellungen, die mit der Realität verglichen werden; es kann die Frage aufgeworfen werden, ob das, was Jemand sich vorstellt, auch wirklich existire oder bloße Einbildung sei. Dem Wirklichen dagegen kann selbstverständlich, so lange es eben wirklich ist, die Existenz nicht mangeln. Wenn man aber von selbstständiger und entlehnter Existenz redet, so denkt man sich die Existenz als ein Besitzthum, welche das Wirkliche habe oder nicht habe im possessiven Sinne des Wortes, welches also von dem einen wirklichen Dinge dem anderen gegeben werden kann. Diese Vorstellung ist nun offenbar ungereimt, denn ein Wirkliches, das die Existenz noch nicht hat, dem sie erst geschenkt werden soll, ist eine contradictio in adiecto. Das obige disjunktive Urtheil verlangt Unmögliches, indem es den wirklichen Ursachen und Wirkungen das Geschäft aufbürdet, anderswoher noch extra ihre Existenz zu beziehen; bevor etwas existirt, kann es auch nichts thun. Ebenso undenkbar ist die Entstehung eines Wirklichen von selbst. Der von den Philosophen so häufig gemißbrauchte Ausdruck „selbstständige Existenz“ ist ein durchaus relatives Prädikat, welches einem Objekte insofern beigelegt werden darf, als die Gültigkeit der Behauptung, es sei wirklich da, von diesen oder jenen Bedingungen unabhängig ist. Wenn man aber sagt, etwas Wirkliches besitze von selbst die Existenz, so spricht man gedankenlos einer

Schablone nach. Man geht dabei nämlich von der Voraussetzung aus, Alles müsse seine Ursache haben, und nimmt demgemäß an, auf die Frage: woher? müsse überall eine Antwort möglich sein, mitunter laute die Antwort aber: von selbst. Um nun von selbst die Existenz zu empfangen, müßte der Gegenstand schon existirt haben, ehe er existirt hat, denn ehe er wirklich war, konnte auch sein Selbst nicht wirklich sein. — Das disjunktive Urtheil, alle Existenz sei entweder Eigenthum oder erborgtes Gut, beruht also auf einer völlig absurden Vorstellung. Dieser erträumte Gegensatz ist aber die Wurzel des ganzen sophistischen Beweises.

So durchsichtig auch das Spinnengewebe haltloser Abstraktionen ist, welches der Ansicht, Causalität sei Mittheilung der Existenz, zur Hülle und Stütze dient, so leicht man auch die Widersinnigkeit dieser Ansicht erkennt, wenn man sie einmal scharf in's Auge faßt, ist dieselbe doch von Vielen dogmatisch gelehrt worden, und man findet sie weit verbreitet. Lesern, die in die geheimnißvolle Geschichte der Metaphysik noch nicht eingeweiht sind, mag es unglaublich vorkommen, es läßt sich aber historisch nachweisen, daß in der Philosophie seit langer Zeit die Mode beliebt gewesen ist, wirkliche Dinge ihre Existenz wie einen Handelsartikel einnehmen und verausgaben zu lassen.

Vorzüglich leistete Wolf und seine Schule Erstaunliches in der Methode, die Wirklichkeit in Essenz und Existenz zu zerspalten und diese beiden Bestandtheile dann in verschiedenen Proportionen zusammenzumischen. Schon Leibniz hatte den Irrthum begangen, die Wahrheit mit der Denkbarkeit zu identifiziren, und hatte das Mögliche nicht selten mit dem Wirklichen vermengt. Diese Confusion erreichte bei den Wolfianern ihren Gipfel. Während sie das Gedachte als das reale Wesen der Dinge behandelten und das bloß Mögliche blindlings hypostasirten, sank die Existenz für sie natürlich zum Range einer beinahe überflüssigen Nebensache herab. Als das eigentlich Wirkliche galten ihnen die Definitionen — essentiae rerum aeternae et immutabiles — die Existenz kam als bloßer Modus hinzu. Jenachdem nun in den Definitionen mehr oder weniger positive Bestimmungen enthalten waren, legten die Wolfianer den definirten Dingen mehr oder weniger Realität bei, es gab bei ihnen mancherlei Grade der Realität, das Sein wurde wie eine meßbare

Größe addirt und subtrahirt, und eine Stufenleiter führte in diesem Sinne zum ens realissimum hinauf. Die Essenzen waren also schon an sich real, die Existenz lief nur so nebenher; Anfang oder Ende der Existenz war nur eine mutatio cutis in praesens oder in praeteritum, die Essenz bestand unverändert wirklich fort, ob die Existenz auch vergehen mochte; ein Ding wurde daran, daß es dieselbe nicht durch eigene Kraft besaß, als ein zufälliges erkannt. Characteristisch für dieses tolle Treiben mit bodenlosen abstrakten Formeln ist folgende Stelle in Baumgartens Metaphysik: „Essentia non est mutabilis. Hinc omne ens contingens mutabile est, qua existentiam, hinc existentia entis contingentis nec essentiale nec attributum est, interna tamen determinatio, ergo modus. Cuius existentia modus est, eius existentia est absolute mutabilis, hinc et intrinsecus contingens. Potest igitur ens contingens definiri per ens, cuius existentia modus est."[1] Die lächerlichste Probe dieses Genres liefert aber wohl Wolfs Erklärung: „Possibilitas existendi extrinseca supponit in ipso ente potentiam quandam passivam accipiendi existentiam"!![2] Zur Existenz war demnach ein „complementum possibilitatis" erforderlich. Die Bedeutung dieses Kunstausdrucks hat Herbart folgendermaßen äußerst klar auseinandergesetzt: „Die Schule war so sehr daran gewöhnt, vom Möglichen auszugehen und alsdann aus dem Möglichen und dem complementum die Wirklichkeit wie eine Summe zusammenzuaddiren, daß sie weiterhin, wo vom zufälligen Dinge gesprochen wird, sich sogar des Ausdrucks bedient, die Existenz wohne in demselben nicht durch seine eigene Kraft. Das Mögliche ist also das Haus, die Existenz ist der hineingesetzte Einwohner! Man sieht leicht, daß hier durch eine Verwechselung die möglichen Dinge als etwas Wirkliches vorausgesetzt werden, welches schon wartet auf gewisse Bestimmungen, die ihm noch gegeben werden sollen, unter anderen auf die Existenz." —

Wenn man bedenkt, ein wie hohes Ansehen die Wolfische Philosophie nicht etwa bloß bei den Fachgelehrten, sondern weit über den Bezirk des

---

[1] §. 134.   [2] Ontologie § 175.

Katheders hinaus ihrer Zeit in Deutschland genossen hat, wenn man beobachtet, wie nachhaltigen Einfluß die später zur Herrschaft gelangten Systeme auf die Geistesentwickelung unserer Nation gewonnen haben, wie
das philosophische Denken vieler älteren Leute noch heute sich in dem Ge-
leise der Kantischen Kategorieen zu bewegen pflegt, wie Schellings und
Hegels Phrasenschwall die gesammte moderne Belletristik durchdrungen
hat, wenn man zudem erwägt, wie sehr die Menschen überhaupt, sobald
sie sich einmal dem abstrakten Denken hingeben, zur Construction gespen-
stisch hohler Schemata geneigt sind; so wird man es begreiflich finden,
daß die beschriebenen sonderbaren Vorstellungen von der Existenzertheilung
in der That einigermaßen populär geworden sind. Kant verwandte
viele Mühe darauf, diesem Unwesen ein Ende zu machen, blieb jedoch
theilweise selbst noch in der Gewohnheit befangen, Realität als ein Quan-
tum zu berechnen[1]). Bei Hegel und seinen Anhängern steht bekanntlich
die Losreißung der Existenz von den wirklichen Dingen und die Combi-
nation der Worte „Sein" und „Nichtsein" zu mannigfachen Produkten in
üppigster Blüthe; da werden die Dinge bald nach dieser, bald nach jener
Dimension mit Sein gefüllt oder vom Sein entleert, bald wird reines
leeres, bald verunreinigtes Sein zum Aufbau der Idee benutzt, und will
man das Wesen der ganzen dialektischen Methode kurz bezeichnen, so liegt
wohl der etwas derbe Ausdruck nahe: ein wüstes Gemansche mit Sein
und Nichts. Auch Herbart operirte gern in phantastischer Weise mit
einem aller Relation entrückten leeren Sein; Herbarts Ontologie verdient
sogar den Namen einer Apotheose der „seienden" Wesen.

Solche Künsteleien mit dem Begriffe der Existenz sind übrigens nicht
erst von der neueren deutschen Philosophie neu eingeführt worden; sie sind
fast ebenso alt, wie die Metaphysik, sie tauchen schon in den frühesten
Systemen der Griechen auf und spielen eine Hauptrolle durch die ganze
Geschichte der griechischen Philosophie hindurch, wir finden ihre Keime
schon in der alten indischen Metaphysik, z. B. in der Mimansa-Lehre.
Von den vielen Verdrehungen des Gegebenen, die aus unvorsichtigem Gebrauche abstrakter Begriffe entsprungen sind, ist die Idealisirung des Seins

---

[1]) In der Kritik des transscendentalen Idealismus wird das hier nur Ange-
deutete genauer erörtert werden.

immer eine der beliebtesten gewesen. Welche Wunderdinge die Metaphysiker der Vorzeit aus dem schlichten Sein gemacht haben, und wie schädlich diese Erdichtungen geworden sind, werde ich in einem der folgenden Abschnitte nachzuweisen suchen, dessen Inhalt die Genesis des transscendentalen Idealismus ist; zur Entstehung dieser Lehre haben nämlich jene falschen Abstraktionen Wesentliches beigetragen. Zur Erklärung der hier besprochenen Vorstellung von der Causalität reicht die obige Skizze hin. Nur eine kurze Bemerkung über die Doktrin des Spinoza sei noch hinzugefügt, weil einerseits die Causaltheorie dieses Mannes in unserem Jahrhundert so viel gepriesen worden ist und mehr Einfluß, als irgend eine andere, auf die moderne spekulative Weltanschauung ausgeübt hat, andererseits aber gerade Spinozas Begriffe vom Causalnexus äußerst dürftig und verworren sind und großentheils auf jener Fabel von der Existenzempfängniß beruhen.

Welche Unbesonnenheit verräth nicht sogleich die erste Definition der Ethik?: „Per causam sui intelligo id, cuius essentia involvit existentiam, sive id, cuius natura non potest concipi, nisi existens." Auf den Ungedanken, daß etwas Ursache seiner selbst sei, gerieth Spinoza durch die Meinung, die Essenz, d. i. die Definition, könne die Existenz erzeugen. In diesem Sinne redet er in der siebenten Definition von einer „res, quae ex sola suae naturae necessitate existit." Da nun dem Existiren von selbst bei ihm überall ein ebenso undenkbares concipi per se entspricht und zudem hinsichtlich des Unterschiedes zwischen Ursache und Erkenntnißgrund, wie bereits (S. 75) erwähnt wurde, durchgängig eine heillose Confusion herrscht, so wird in Spinozas Ethik nach und nach aus jenem Prinzip ein unentwirrbares Knäuel von Unsinn herausgesponnen, in welches der Begriff der Nothwendigkeit natürlich mithineinverwickelt wird; daher zeigt Spinoza, so lebhaft, ja feierlich er letzteren Begriff auch betont, so oft er auch einen Anlauf nimmt, ihn förmlich zu definiren, dennoch ein deutliches Bewußtsein desselben nirgends. Am auffallendsten treten alle diese Schwächen des Systems in den drei Beweisen für das Dasein der Substanz, die Spinoza Deus zu nennen pflegt, an's Licht [1]).

---

[1]) Ethices pars I propositio XI: „Deus sive substantia constans infinitis

Der erste lautet spaßhaft einfach: „Si negas, concipe, si fieri potest, Deum non existere. Ergo (per ax. 7.) eius essentia non involvit existentiam. Atqui hoc (per propos. 7.) est absurdum. Ergo Deus necessario existit. Q. e. d." (Wenn die Substanz nicht existirte, würde ja ihre Essenz die Existenz nicht involviren! Also muß sie existiren!) Der Kern des zweiten Beweises liegt in den Worten: „Id necessario existit, cuius nulla ratio nec causa datur, quae impedit, quominus existat" (d. h. wenn weder ein Grund noch eine Ursache gegeben wird, wodurch etwas am Existiren verhindert wird, so muß es existiren). „Si itaque nulla ratio nec causa datur, quae impedit, quominus Deus existat, vel quae eius existentiam tollat, omnino concludendum est, eundem necessario existere." Die schlimmste Demonstration ist aber die dritte: „Posse non existere impotentia est, et contra posse existere potentia est (ut per se notum). Si itaque id, quod iam necessario existit, nonnisi entia finita sunt, sunt ergo entia finita potentiora ente absolute infinito: atque hoc (ut per se notum) absurdum est." (Das absolut Unendliche, meint Spinoza, muß doch wohl mehr Kraft zum Existiren haben, als die endlichen Dinge, es kann doch nicht zu schwach zum Existiren sein!) „Ergo vel nihil existit, vel ens absolute infinitum necessario etiam existit." Ein komischer Beweis! Was bewiesen werden soll, wird ohne Scheu vorausgesetzt [1]). Ferner stellte sich Spinoza dabei offenbar ein ens vor, das vor seiner Existenz schon da ist und dann vermöge einer besonderen Kraft die Existenz erobert. — Benediktus de Spinoza hat mit seinem Steckenpferde, der ratio seu causa, groteske Cabriolen ausgeführt. Aus den citirten Stellen wird man ersehen haben, mit wie „tiefer" Weisheit der berühmte Prophet des Pantheismus die Causalität beleuchtet hat; auch wird die frappante Aehnlichkeit zwischen Spinozas Vorstellungen von der Existenzempfängniß und denen der Wolfianer dem aufmerksamen Leser nicht entgangen sein.

---

attributis, quorum unumquodque aeternam et infinitam essentiam exprimit, necessario existit."

[1]) Spinoza scheint dies dunkel gefühlt zu haben; er sagt nachher im XX. Lehrsatze: „Dei existentia eiusque essentia unum et idem sunt."

Wer den Begriff der Ursache wirklich sorgfältig untersucht, dem muß sich bald die Einsicht aufdrängen, daß die Causalität kein „Stammbegriff des reinen Verstandes", keine angeborene einfache „Form und Funktion" des Gehirns ist. Kant und Schopenhauer sind vor den Schwierigkeiten der Aufgabe zurückgewichen; ihre Hypothese war nur ein Auskunftsmittel der Rathlosigkeit, ein Nothbehelf — nicht besser, als ein Strohhalm, den ein Ertrinkender in der Verzweiflung umklammert. Wenn man meine Analyse des Causalitätsbegriffs, dessen denkende Menschen sich in der That bewußt sind, als richtig anerkennt, so wird man durch dieselbe zugleich die gründlichste Ueberzeugung von der Unhaltbarkeit jener idealistischen Theorieen gewonnen haben.

Von dem einen allgewaltigen a priori erkannten Causalgesetze, welches mitunter so prächtig geschildert wird, weiß ich nicht mehr zu berichten, als daß alle beobachteten Causalgesetze selbstverständlich dem Genus „Causalgesetz" beizuzählen sind [1]). Der Gedanke, daß alle Ereignisse in der Welt gesetzmäßig zusammenhängen, ist ungebildeten Leuten fremd; erst die Gewohnheit erfolgreicher wissenschaftlicher Forschung erfüllt uns mit zuversichtlicher Hoffnung, überall Gesetze zu erblicken, und macht uns die Vorstellung der strengen Regelmäßigkeit aller Veränderungen allmählich geläufig. Besonders durch die großartigen Fortschritte der Naturwissenschaften in den letzten Jahrhunderten ist diese Vorstellung mehr und mehr zum Gemeingut aller Gebildeten in Europa geworden. Das Urtheil, Alles geschehe gesetzmäßig, bleibt jedoch immer nur eine Annahme, ein bewährtes „regulatives Prinzip"; weder kann man es mittelst eines zwingenden Beweises deduziren, noch ist eine solche Beschaffenheit des ganzen Weltlaufs uns unmittelbar bekannt. Unser Wissen ist Stückwerk; wir verbergen uns das nur zu gern. „Die Wahrheit" — sagt Göthe — „widerspricht unserer Natur, der Irrthum nicht, und zwar aus einem sehr einfachen Grunde; die Wahrheit fordert, daß wir uns für beschränkt erkennen sollen, der Irrthum schmeichelt uns, wir seien auf die eine oder die andere Weise unbegrenzt."

Wir nennen Begebenheiten und Gedanken insofern begreiflich, als

---

[1]) Vergl. oben S. 100.

8*

wir entweder ihre Ursachen zu erkennen oder Gründe für eine Ueberzeugung anzugeben im Stande sind. Die Frage: warum? bedeutet entweder: weiß man das gewiß? wie ist das zu beweisen? oder: wie ist das zugegangen? wodurch ist das herbeigeführt worden? Will Jemand aber begreifen, weßhalb denn überhaupt Veränderungen Causalität zukomme, fragt er, warum denn überhaupt Wirkungen erfolgen, und meint er dabei, es solle für den Causalzusammenhang noch eine andere Methode der Erklärung aufgefunden werden, als die Ermittelung früherer Vorgänge, welche Ursachen der späteren sind, so läßt sich sein Verlangen nicht befriedigen, weil die Frage keinen Sinn hat; sie gehört zu den Chimären derjenigen Philosophen, welche die Weltgeschichte für absolut begreiflich halten, und die spekulativen Antworten laufen immer schließlich darauf hinaus, daß an aller Verursachung nichts Anderes Schuld habe, als — Causalität.

Druckfehler.